바이블루트

일러두기
- 성구는 개역개정판 표기를 따랐습니다.
- 지명은 성서에 나오는 표기를 따랐습니다.
- 본문에서 주관적인 시선일 때는 '예수님'으로 표기하였습니다.
- 이집트, 이스라엘, 시리아, 요르단은 현지 선교사들의 신변 안전을 위해 이름을 게재하지 않았습니다.

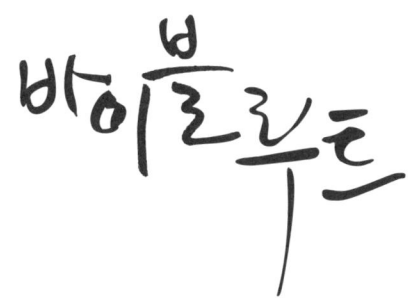

CBS 바이블루트 제작팀 지음

비전북

내가 나에게 묻는다. "왜 그 길 위에 서는가?"
내가 나에게 답한다. "제자리를 찾기 위한 멀리 돌아옴이다."
그리고 지금 길 떠나는 우리를 위해 누군가 이렇게 기도해 주었으면 좋겠다.
"태초의 빛이 시작된 곳에서, 기록의 길 위에서, 오래된 사람들과의 만남 속에서
목적이 뜻하는 바를 발견할 수 있기를"하고 말이다.

이집트를 탈출한 이스라엘 백성이 거친 모래 바람을 뚫고 올랐을
아르논계곡에는 지금 아스팔트 길이 굽이굽이 나 있다.

바울이 예루살렘으로 향하던 길에 잠시 들렀다는 그리스 로도스섬에 남아있는 로마 문명의 흔적.

끝없는 사막으로 이루어진 시나이반도는 물이 귀한 곳이며, 사막 한가운데 있는 이 붉은 돌산은 나무 한 그루 키워대지 못할 정도로 척박하기 그지없다.

✠ 서문

제 자리로 돌아오기 위한 여정

　세상의 모든 길은 자신을 지나간 모든 흔적을 기억한다. 그리고 그 길 위에 무수히 찍힌 발자국과 사라져 보이지 않는 것들까지 품고서 누워 있다. 하여 세상의 모든 길은 산 기록이고 산 증거다. 길 위에서 보이는 것만 봐서는 안 되는 까닭이 여기에 있다.

　특히 말씀의 자리를 찾아 떠나는 이들은 '보임' 뒤에 숨겨진 '참된 의미'에 마음을 두어야 혼란이 없다. 성지순례는 단순한 여행이 아니라 진리의 말씀을 바로 보고 제 자리로 잘 돌아오기 위한 여정이기 때문이다.

　다큐멘터리 『바이블루트』를 제작하기 위해 반 년을 성서의 땅 위에서 보냈다. 테러의 위험이 도사리는 이스라엘과 중동 땅을 발이 닳도록 돌아다녔고, 각 성지마다 담겨진 의미를 보다 깊이 있고 바르게 전하고자 최대한 시선을 확장했다.

그리고 그곳에서 '공존의 가능성'을 말하는 희망의 빛을 보았다. '틀리다'는 편견과 '아니다'라는 부정을 내려놓고 나니 더 많은 사랑의 말씀이 들려왔다. 광야의 모래 한 알 한 알도 그냥 보이지 않았다. 때로는 그 모든 것들이 너무도 가슴 벅차 눈시울이 붉어지기도 했었다.

그러나 성지를 둘러봄에 있어 그곳이 전하고자 하는 뜻을 제대로 헤아리지 못했을 때는 실망과 허탈감, 갈등도 겪었다. 성서의 한 구절 한 구절을 공들여 읽으면서도, 언어나 문자에만 얽매이는 것만 같았다. 만약 그와 같은 준비로 성지순례를 계획한다면 단호하게 '가지 말라' 당부하고 싶다.

창세기와 출애굽기, 신명기의 역사는 아주 오래 전의 일일 뿐만 아니라 땅의 주인이 바뀌고 또 바뀐 역사다. 그래서 그 역사의 뿌리까지 함께 볼 수 없으면 성지순례는 아니 가는 것만 못하다.

여정은 몹시 고됐다. 체력은 얼마 안 가서 고갈되었고, 아직 믿음 얕은 어린 양이기에 간혹 의심이 깃들기도 했다. 그와 같은 과정을 거쳐 깨달은 것은 분명하고 명확하다. 우리 모두가 하나님의 한 그늘 속에 살고 있다는 것, 진리의 말씀은 어디서나 한결같다는 것이다.

내 눈이 아닌 하나님, 즉 아버지의 눈으로 보고자 애쓰니 그동안 미처 가 닿지 않았던 작은 것들에게까지 마음의 시선이 던져졌다. 때문에 『바이블루트』는 일과 연관된 영상의 완성뿐만 아니라 제작팀의 믿음에도 큰 영향을 주었다.

『바이블루트』가 책으로 재탄생 되어 나올 수 있도록 도움 주신 많은 분들에게 일일이 다 감사를 전할 수 없음이 죄송할 따름이다. 선교가 국가적으로 금지된 나라의 선교사분들은 위험을 고려하여 본문에 이름

> 우리 모두가 하나님의
> 한 그늘 속에 살고 있다는 것
> 진리의 말씀은 어디서나
> 한결같다는 것이다

조차 올리지 못해 더욱 그러하다. 이 불편한 마음을 이해해 주시리라 여긴다.

  우리가 『바이블루트』를 위해 걸었던 길 위에는 그 모든 흔적이 남아 있을 것이다. 그리고 길은 가슴 뭉클함과 깨달음 그리고 갑자기 들이닥친 혼란을 지혜롭게 극복하던 우리의 모습을 기억하고 있을 것이다. 그 길들에게 그리고 그 길 위의 모든 사람들에게 고마움을 전한다.

CBS 바이블루트 제작팀

차례

제1장 광야의 기록 Egypt & Jordan

025 믿음으로 걷는 길, 광야
027 출애굽을 위한 예비의 땅, 고센
031 구원의 탈출, 라암셋과 비돔
034 흙벽돌 속에 깃든 4천 년 전의 진실
036 붉은 바다의 기적, 홍해
042 단물의 기적, 마라의 샘
045 광야의 오래된 지혜, 베두인족
051 자연의 붉은 성전, 시내산
053 모세 석양에 잠들다, 요르단의 느보산

제2장 끝나지 않은 기도 Egypt Old Cairo

060 이슬람 안에서 만난 기독교, 콥트
064 언어로 지켜온 신앙, 콥트수도원
066 이슬람 안에서 만난 아기예수와 모세
070 쓰레기 더미로 내몰린 기독교, 모까땀 쓰레기마을
076 삶을 이어가게 하는 힘, 성 사만교회
081 손목에 새기는 신앙, 십자가 문신

제3장 영광의 흔적 Jordan & Israel

- 086 반목과 대립의 현장, 요단강
- 090 이성과 믿음의 충돌
- 093 영광과 오욕의 교차로, 예루살렘
- 096 유적의 나이테 위에 복원되는 역사
- 099 메시야의 길, 비아 돌로로사
- 108 눈물 마를 날이 없어라, 통곡의 벽
- 113 정복자의 권리, 바위사원
- 116 신화에서 실존이 된 다윗왕을 증명하는 성서고고학
- 120 컴퓨터그래픽으로 재현한 솔로몬왕의 화려한 성전, 하솔
- 124 믿음의 왕, 히스기야
- 127 히스기야 터널의 비밀, 기혼샘과 실로암못

제4장 메시야의 자리 Continue Israel

- 134 메시야의 고향, 베들레헴
- 138 고개 숙여 겸손의 문에 들지어다, 예수탄생교회
- 148 요셉과 마리아의 고향, 나사렛
- 151 마리아의 자리, 수태고지교회
- 156 예수님의 품성을 닮은 갈릴리호수
- 161 성지의 유대인 상술
- 163 진흙이 보듬은 예수 시대의 배
- 166 가나의 기적, 그리고 3년간의 공생애

제5장 이방인의 빛 Syria & Turkey & Greece & Rome

172 위대한 크리스천, 사도 바울
175 잊혀진 성지, 시리아
177 지혜로운 공존, 다메섹 우마이야 모스크
181 바울의 회심, 바울회심교회와 시리아인의 친절
184 바울이 회심한 자리, 아나니아기념교회
187 말룰라에 살아 있는 예수 시대의 언어, 아람어
192 현재의 기독교 황무지, 터키
197 지식 청년 바울을 만든 자리, 다소
199 바울의 첫 전도여행, 안디옥 베드로동굴교회
203 인종의 용광로, 비시디아 안디옥
207 신화 위에 올려진 기독교, 그리스
209 유럽으로 간 바울, 네압볼리와 빌립보
211 데살로니가의 집시선교
214 바울의 두 번째 전도여행, 고린도 사도바울기념교회
217 바울의 마지막 여정, 로마

제6장 생존의 초기 기독교 Continue Rome & Greece

224 죽음으로 맞는 안식, 피의 박해
226 로마 속의 기독교 역사
229 오락이 된 순교, 콜로세움과 대전차경기장
233 "이제 제발 그만 찾아와 주십시오!"
236 산 자와 죽은 자의 지하도시, 카타콤베 & 데린쿠유
240 에클레시아, 우리가 초대 교회로 돌아가야 하는 까닭은?

유대인 그리고 공존의 가능성 Again Israel

248 메시야 예수를 부정하는 유대인
252 예수는 사람이다, 히브리대학교
255 아직 이 땅에 오지 않은 메시야, 랍비 양성기관 예쉬바
259 종교 유대인의 거리, 메아셰아림
264 유대인의 현재
267 이스라엘의 이민정책, 네밧사라지온 수용센터
272 가장 슬픈 날의 가장 슬픈 기억, 유대인 결혼식
275 음식의 율법, 코셔
280 수천 년 전 광야의 명절, 장막절
282 슬픈 디아스포라의 보복
284 삶의 터전에서 난민이 된 사람들, 팔레스타인 난민촌
287 중동판 베를린 장벽, 분리 장벽
292 바다를 볼 수 있는 꿈마저 빼앗은 허가증
297 아름다운 공존의 실험, 네베샬롬

012 서문
303 제작팀이 들려주는 못다 한 이야기

바이블루트

01 Egypt & Jordan
광야의 기록

오늘 우리는 이집트에 몸과 마음을 내려놓는다.
지명만으로도 종교적 울림을 갖는 곳.
출발 전, 길채비를 정연하게 한 까닭이 거기에 있을 터다.
때론 척박하기도 하고 황량한 그곳에서
우리는 무엇을 느끼고 품고 돌아올 것인가.
만약 그마저 기록의 길을 걷는 여행자가 버려야 할 욕심이라면
그저 성서의 과거 속을 무심히 흐르다 돌아오련다.

믿음으로 걷는 길, 광야

　　　　　　거칠고 팍팍한 모래 바람과 살갗을 태우는 뜨거운 사막의 길을 이스라엘 백성은 어찌 걸었을 것인가. 하나님께서 낮에는 구름기둥으로, 밤에는 불기둥으로 보호하셨다고는 하나 낮과 밤의 큰 기온 차이와 척박한 기후를 견뎌내기엔 역부족이었을 터. 차라리 이집트 노예로 남는 것이 덜 고통스럽겠다는 이스라엘 백성의 원망을 들으며 모든 것을 책임져야 했던 지도자로서의 모세는 또한 얼마나 힘겨웠을 것인가.

　이스라엘 백성이 걸은 광야의 길 고센 Goshen에서 시내산 Sinai Mt. 시나이산 까지는 버스로 대략 여섯 시간. 실제 그 고통을 느껴보기 위해 광야체험을 하는 이들도 더러 있지만, 그 누구도 그 험한 길을 석 달에 걸쳐 걷지는 못한다. 시나이반도 Sinai Pen의 광활하고 척박한 광야를 본 사람이라면 금방 이해하게 되리라.

　그런데 뙤약볕이 강하게 내리쬐는 한낮에 그 길을 걷는 외국인 남녀 순례자가 있다. 스코틀랜드에서 온 부부 교사가 이른 아침부터 걸어온 길은 10킬로미터 남짓. 그러나 얼굴 위로 고통스러운 표정이 역력하다.

"많이 힘든가요?"

"당신이 직접 걸어 보십시오. 믿음 없이는 절대로 걸을 수 없는 길입니다."

"무엇이 가장 힘든가요?"

"뜨거운 태양과 입 안 가득 들어오는 거친 모래 바람입니다."

"언제까지 걸을 계획인가요?"

"아마도 멀리까지 가기는 어려울 듯 싶습니다. 이젠 내 의지를 넘어섰습니다."

촬영을 해도 괜찮겠느냐는 물음에 부부는 조용히 걷고 싶다며 정중히 거절했다. 그 정중한 거절에 너무도 미안했던 것은, 당시 이스라엘 백성의 마음으로 광야를 걷고자 한 순례자를 방해한 것은 아닌가 하는 걸림 때문이었다.

당신들의 걸음걸음마다 하나님의 은혜가 함께 하기를……

믿음 없이 걸을 수 없는 길, 광야. 믿음은 이처럼 불가능한 것을 가능토록 하니, 그것 역시 하나님의 기적이 아니고 무엇이겠는가. 또한 아직도 그와 같은 고된 믿음의 길을 걷는 이들이 있으니, 믿음이란 이처럼 누구나 쉽게 얻을 수 없는 은혜인 것이다.

출애굽을 위한 예비의 땅, 고센

근원을 찾아 떠나는 모든 여정에는 묘한 끌림과 설렘이 있다. 이집트 고센은 바로 그와 같은 끌림과 설렘이 있는 곳이며, 광범위한 성서 속의 흔적을 체계적으로 밟아갈 수 있는 곳이다. 왜 '이집트로부터 출발했는가'에 대한 대답도 여기에 있으리라.

출애굽出埃及의 역사가 시작된 검은빛의 땅 고센까지 함께 달려준 것은 나일강Nile River 하류다. 이집트에서 고센은 '축복의 땅'으로, 나일강은 '축복의 강'으로 불린다. 검은빛은 사막이 아닌 '풍요의 땅'을 뜻하며, 사람이 살 수 없는 사막에서 강은 바로 '생명수'이기 때문이다.

가나안Canaan을 떠난 야곱의 일족이 정착한 나일강 삼각주 지역인 고센은 당시 최고의 목축지대였다. 풍부한 물과 초원은 목축업을 하는 이스라엘 백성에게 최적의 환경이었다. 이스라엘 백성은 이곳에서 대를 이어 머물며 가축과 채소를 길러 먹었고, 죄를 향한 대재앙이 있을 때도 하나님께서 유일하게 피해가 없도록 하여 평화로웠다.
그러나 고센은 우기 때마다 나일강의 범람으로 큰 피해를 보곤 해서 농사짓기에 그리 적합한 땅이 아니었다. 예로부터 농사를 지어 온 이집

트가 선뜻 고센을 이스라엘 백성에게 내준 이유이기도 하다.

　고센은 이집트의 중심 지역으로부터 비교적 먼 곳에 있어 독립적인 신앙생활이 가능했었는데, 이는 출애굽을 위한 하나님의 준비가 아니었을까.

구원의 탈출, 라암셋과 비돔

대를 이어 풍요롭고 평화로우리라 여겼던 이스라엘 백성의 삶이 핍박으로 이어진 것은 람세스 2세Ramses Ⅱ, 고대 이집트 제3대 파라오에 의해서였다. 67년 간의 통치 기간 동안 수많은 신전과 궁전을 건립하면서 이스라엘 백성을 노예로 전락시켰고, 건립 현장에 강제 동원했던 것이다. 라암셋Raamses과 비돔Pithom이 바로 박해 속에서 지은 성읍으로, 이는 성서에도 기록되어 있다.

그가 그 백성에게 이르되 이 백성 이스라엘 자손이 우리 보다 많고 강하도다. 자, 우리가 그들에게 대하여 지혜롭게 하자 두렵건대 그들이 더 많게 되면 전쟁이 일어날 때에 우리 대적과 합하여 우리와 싸우고 이 땅에서 나갈까 하노라 하고 감독들을 그들 위에 세우고 그들에게 무거운 짐을 지워 괴롭게 하여 그들에게 바로를 위하여 국고성 비돔과 라암셋을 건축하게 하니라(출 1:9~11).

출애굽 당시 모세와 대면한 람세스 2세의 석상이 있는 라암셋은 황량하다 못해 폐허 같다. 목은 잘리고 몸만 남은 여러 개의 석상과 주춧돌, 우물터와 집터, 그리고 태양신을 섬기고 기념했던 일종의 탑인 오벨리스크Obelisk가 세월에 지친 듯 여기저기 널려 있거나 뜨거운 태양

아래 모로 누워 있다. 로마교회에서는 포폴로광장Piazza del Popolo의 쌍둥이 대성당 앞마당에 세워진 오벨리스크 꼭대기에 십자가를 달았다고 한다. 이는 타 종교 기념비를 가져와서 그 위에 자신들의 종교 상징물을 달은 것과 같으니, 모순적인 풍경은 때론 곱지 않은 시선을 보내게 하는 모양이다.

 라암셋에서 남동쪽으로 12킬로미터쯤 떨어져 있는, 당시 애굽의 국고성 비돔 역시 관리되지 않는 듯 보인다. 여기저기 흩어져 있는 석상과 굴러다니는 쓰레기들의 풍경이 씁쓸하다. 이스라엘 백성의 피와 땀이 섞인 흙벽돌도 무심한 세월 속에 방치된 채 수천 년을 지내왔을 터. 단순히 관광을 목적으로 온 여행자들은 왜 저런 돌덩이를 이곳에 가져다 놓았을까, 라는 의문을 품기도 한다. 믿음 있는 순례자도 막상 황량함만 남은 이곳에 서게 되면 출애굽의 출발지라는 의미 외에 볼 것이 없다 여긴다.
 그러나 성서의 과거를 걷는다는 것은 아름다운 풍경과 마주하는 것이 아니라 사라진 흔적과 영적 교감을 나누는 일. 관점과 접근 방식을 달리하면 눈이 아닌 가슴으로 볼 수 있으리라.

출애굽의 출발지인 라암셋은 고대 이집트 때는
타니스(Tanis)로 지금은 산 엘 하가르(San EL Hagar)로 불린다.

흙벽돌 속에 깃든 4천 년 전의 진실

출발 전, 이집트에서 선교 사역을 하고 있는 김 목사에게 한 통의 메일을 띄웠다. 라암셋과 비돔에서 보았던 흙벽돌을 당시의 방법에 따라 만드는 곳이 있느냐고. 그리고 며칠 후 김 목사로부터 어렵게 찾았다는 내용의 반가운 메일이 도착했다. 김 목사가 아니었다면 다큐멘터리에 담지 못했을 오래된 흙벽돌 공장은 비돔과 인접한 곳에 있었다.

사방이 훤히 트인 흙벽돌 공장에서는 인부 몇이 쉴 새 없이 흙을 나르고, 짚을 개고, 물을 붓고 있었다. 예전보다 일감이 많이 줄어 벽돌 만드는 날이 안 만드는 날보다 적다고 한다.

"흙벽돌은 고센 지역의 진흙을 짚과 섞어 물에다 잘 갠 다음, 나무로 만든 틀에 넣고 탁탁 쳐 다져서 햇빛에 잘 말리기만 하면 됩니다."

"생각했던 것보다 만드는 법이 간단해 보이네요."

"그래 보입니까? 그러나 이스라엘 백성은 짚마저 받지 못한 채 흙으로만 벽돌을 만들어야 했습니다. 모세가 이스라엘 백성을 이집트에서 내보내 달라고 요구하자 왕이 노하여 볏짚을 주지 않고 이전과 같은 양의 벽돌을 만들도록 한 것입니다. 얼마나 고된 노역이었을지 짐작하고도 남습니다. 그러니까 그냥 흙벽돌이 아니라 그들의 피인 셈이지요."

흙벽돌의 진실에 대해 설명해 주는 김 목사의 목소리에서 떨림이 묻어 나온다. 마치 4천 년 전 세월로 올라가 그때의 상황 속에 있는 듯하다. 그것을 듣는 우리도 마찬가지다.

그러나 김 목사와의 떨림 있는 대화는 더 이상 이어질 수 없었다. 당시 테러의 위협이 있다며 안전을 이유로 촬영 내내 함께 했던 이집트 경찰의 지나친 촬영 간섭과 감시 때문이었다. 이집트에서는 대부분 촬영이 이와 같이 이루어져 당연한 일이지만, 왠지 이곳에서만큼은 4천 년 전의 세월을 방해 없이 느끼고 싶었으므로 내심 아쉬움이 컸다.

"이 지역에서는 왜 아직도 흙벽돌을 만들고 있습니까?"
"가장 큰 이유는 건조한 기후 탓에 집을 지을 수 있는 목재를 구하기가 매우 어렵기 때문입니다. 지금까지 흙벽돌을 이용한 건축방식이 전해져 내려오는 이유입니다."
"흙은 어디서 구합니까?"
"나일강 하류입니다. 그 인근의 찰흙은 흙벽돌을 만들기에 매우 좋은 재료입니다."

나름대로 열심히 설명해 주고자 하는 그들의 노력에 다소 못 마땅한 마음이 서서히 풀렸고, 그 마음을 눈치챘는지 그들은 취재진이 미안해하지 않을 정도의 움직임으로 주변을 지켰다. 그들은 과연 알고 있을까. 지금 보는 흙벽돌이 4천 년 전의 진실이며, 성서의 기록이 사실로 드러난 순간이었다는 것을. 그리고 그 진실이 말하고 있는 것이 무엇인지를……

붉은 바다의 기적, 홍해

믿음을 증거로 풀어낸다는 것은 어쩌면 덧없는 일인지도 모를 일. 세상을 과학적 근거와 논리로 풀어내는 사람들조차 그 끝에 이르면 이를수록 설명할 수 없는 어떤 신비감이 느껴진다고 했으니, 신앙의 신비를 어찌 증거로 입증할 수 있을까.

오직 믿음으로 구하고 조금도 의심하지 말라. 의심하는 자는 마치 바람에 밀려 요동하는 바다 물결 같으니(약 1:6).

많은 이들이 '홍해Red Sea의 기적' 혹은 '모세의 기적'에 대해 의문을 품는다. 어떤 이들은 심지어 꾸며낸 이야기라고도 한다. 신구약을 통틀어 행해진 모든 기적 중 '홍해의 기적'이 가장 논란의 중심에 서는 것은 물이 술로 변한 작은 기적이 아니기 때문이다. 바다가 적시적지에 갈라진 거대한 기적이기 때문이다. 그래서 그 설도 여러 가지다.

첫째, 조수간만 설이다. 한때 이집트 관리를 죽이고 도망자 신세가 되었던 모세가 이 지역에 오랫동안 머물렀다는 것, 그래서 바다의 상황에 대해 훤히 꿰뚫고 있었다는 것이다. 모세는 그 점을 이용하여 썰물

때 이스라엘 백성을 바다 건너로 인도하고, 밀물 때 바다에 들어온 이집트 군사들을 몰살시켰다고 한다. 그러나 이 설은 설득력이 약하다. 지중해나 홍해처럼 사방이 막힌 곳에서는 조수간만의 차가 거의 없다는 문제를 해결해야만 설득력이 있을 수 있기 때문이다.

  둘째, 그리스 산토리니섬 Santorini Island 의 화산폭발 설이다. 산토리니섬의 화산 폭발 때문에 일시적으로 바다가 갈라졌다는 것이다. 하지만 화산 활동과 같은 비정기적인 현상이 어떻게 이스라엘 민족의 탈출 시기와 딱 맞을 수 있었는지, 또 이집트 병사들이 바다를 건널 때에 딱 맞춰 다시 바닷길이 닫혀 버렸는지에 대한 명확한 설명은 어렵다.

  셋째, 실제 바다를 건넌 것이 아니라 '바다처럼 보이는 곳'을 건넜다는 설이다. 홍해를 일컫는 'Red Sea'가 사실은 갈대를 뜻하는 'Reed Sea', 그러니까 실제 바다를 건넌 것이 아니라 갈대의 바다를 건넜다는 이야기다. 실제로 이스라엘의 고대 언어에서 '바다가 갈라진다'와 '갈대'라는 말은 매우 비슷하다고 전해진다. 여기에 덧붙여 일부 학자들은 갈대가 우거진 검은 물로 알려진 근방의 팀사아 호를 건넌 것으로 추측하기도 한다.

  모세가 바다 위로 손을 내밀매 여호와께서 큰 동풍으로 밤새도록 바닷물을 물러가게 하시니 물이 갈라져 바다가 마른 땅이 된지라(출 14:21).

  이스라엘 백성이 모세와 한마음으로 목숨 걸고 건넜던 홍해는 이제 수에즈운하 Suez Canal 의 일부가 되었다. 인도양과 지중해를 잇는 해상 무역의 중심지로 아흐마디 함디 터널 Ahmed Hamdi Tunnel 이 놓여 있다. 그러니 홍해는 더 이상 '건너는' 것이 아니라 해저 터널을 '통과하는' 것이 맞겠다. 지금의 사람들이 당시 이스라엘 백성이 경험한 기적을 두고 의문을 품듯, 그들 중 누가 깨어나 지금의 홍해를 본다면 같은 의문을 품으리라.

"우리가 홍해에 대해 기억해야 할 것은 하나님께서 당신의 백성을 사랑하시어 그 길을 인도하셨다는 것, 그리고 이스라엘 백성이 전적인 믿음으로 하나님을 믿고 따랐다는 것이지. 신앙의 본질은 결국 믿음이니까."

출발 전, 다큐멘터리 속에서 홍해를 어떻게 녹일 것인가에 대해 고민할 때 많은 조언을 해준 선배의 말이다. 그리고 선배의 말은 어떤 기술적 장치 없이 있는 그대로, 이 시대의 관점으로 보여주는 것이 가장 진정성 있다는 결론을 끌어내 주었다. 하나님의 놀라운 섭리와 능력은 언제나 믿음 안에서만 행해졌음이다.

나일강을 중심으로 발전해온 고대 도시 이집트 카이로는 현대와 과거가 공존하고 있다.

단물의 기적, 마라의 샘

물 한 모금 마시지 못한 이스라엘 백성이 홍해를 건너 사흘 밤낮을 걸어 만난 오아시스 마라의 샘 Well of Marah. 그러나 대추야자나무가 둘러선 홍해 해안가의 검푸른 물웅덩이 샘물은 너무도 쓰디써서 먹을 수 없었다. 그 순간 하나님의 계시로 모세가 나뭇가지를 물에 던지자 단물이 되었다고 해서 모세의 샘 Moses Spring 으로도 불린다. 모세와 그 일족이 이집트를 탈출하고 난 뒤 하나님께서 보이신 두 번째 기적이었다.

백성이 모세에게 원망하여 이르되 우리가 무엇을 마실까 하매 모세가 여호와께 부르짖었더니 여호와께서 그에게 한 나무를 가리키시니 그가 물에 던지니 물이 달게 되었더라(출 15:24-25).

하얀 모래땅으로부터 불어오는 뜨거운 바람 때문에 잠시 서 있는 것조차 힘든 이곳에서 순례자들은 나지막이 기도를 올리고 찬송가를 부른다. 이스라엘 백성이 하나님으로부터 선택받은 역사하심의 흔적에 둘러서서 올리는 기도와 찬송가가 어찌 특별하지 않을 수 있을까.

잠시 서 있는 것조차
힘든 이곳에서 순례자들은
나지막이 기도를 올리고
찬송가를 부른다

하나님께서 두 번째 기적을 보이신 마라의 샘은 '쓰다', '쓴맛', '슬픔'의 뜻을 품고 있다.

마라의 샘 주변에는 '영생의 나무', '성목', '거룩한 나무'로 불리는 오래된 에셀^{Eshel Tamarisk}나무가 있다. 무성한 잎으로 느티나무처럼 그늘을 만들어 편안한 휴식을 제공하고, 경계를 필요로 할 때 혹은 무덤을 표시할 때 쓰이기도 하는 에셀나무는 성서 속에서 여러 번 등장한다. 유목민인 아브라함의 기념수로, 또 사울의 녹음수와 수목장으로 기록되어 있다.

아브라함은 브엘세바에 에셀나무를 심고 거기서 영원하신 여호와의 이름을 불렀으며(창 21:33).
사울이 기브아 높은 곳에서 손에 단창을 들고 에셀나무에 아래 앉았고 모든 신하들은 그 곁에 섰더니(삼상 22:6).
그의 뼈를 가져다가 야베스 에셀나무 아래에 장사하고 칠 일 동안 금식하였더라(삼상 31:13).

마치 하늘을 향해 두 팔 크게 벌리고 기도하는 듯한 모습의 에셀나무 그늘 아래 잠시 휴식을 취하며, 내 작은 가슴에도 한 그루의 에셀나무를 심는다. '영원한 사랑으로 살아계신 하나님'. 이름의 뜻처럼 오늘 가슴에 심어진 에셀나무는 영혼이 지칠 때마다 은혜로운 물기로 하나님의 이름을 부르게 할 것이며, 아무렇게나 사는 삶이 되지 않도록 하나님께 진심으로 고백하고 기대게 하시리라. 이 또한 참된 영성지침서가 아니고 무엇이겠는가.

광야의 오래된 지혜, 베두인족

"일 달러"
"일 달러"
마라의 샘 주변에서 여행자를 상대로 기념품을 파는 베두인족Bedouin 아이들이 외치는 '일 달러' 소리를 들으니 황당함에 웃음이 난다. 한국인 성지순례단이 오죽 많았으면 '원 달러'가 아니라 '일 달러'일까. 마라의 샘을 중심으로 살아가는 대부분 베두인족은 여행자들에게 기념품과 액세서리를 팔아 생계를 이어간다. 종려나무로 만든 원두막 같은 곳이 바로 그들의 작은 가게이다.

아브라함과 모세의 광야생활을 엿볼 수 있는 베두인족은 수천 년 전부터 물과 풀을 찾아 사막을 이동해 온 아랍인 유목민이다. 이들의 장막생활은 성서에도 기록되어 있다. 그러나 지금 전통적인 삶을 이어가는 베두인족은 극히 일부다. 현재 베두인의 95퍼센트가 정부에서 지어준 벽돌집과 슈퍼마켓까지 갖춰진 마을에서 살고 있기 때문이다. 외지인에게 베두인족이 더 이상 흥밋거리가 되지 못하는 이유이기도 하다.

김 목사가 촬영을 위해 섭외한 베두인족은 다행히 천막에 머물고 있었다. 그들에게 그들의 이동식 집인 천막 안을 볼 수 있겠느냐고 하니

척박한 사막을 삶의 터전으로 삼고 살아온
베두인족에게 낙타는 최고의 이동수단이자 비상식량이다.

흔쾌히 승낙한다. 혹시 대가를 바라지 않을까 싶었으나 그것은 기우였다. 그들은 낯선 이들에게 경계 없이 텐트 안의 모습을 보여 주었고, 특별하게 대접할 것이 없다며 오히려 미안해 했다.

"베두인족의 융숭한 손님 접대는 세계적으로도 널리 알려져 있습니다. 베두인족은 늘 이렇게 말합니다. '오늘은 그 사람이 손님이지만 내일은 내가 손님이 되어 그의 집에 머물게 될 것이다. 따라서 손님에게 베푸는 건 곧 나 자신에게 베푸는 것이다' 라고요."

베두인족은 2~3개월에 한 번씩 이동하며 텐트나 가축, 가재도구가 재산의 전부다. 그래서 천막은 언제든 걷고 치기 편하도록 만들어져 있다. 짐은 담요 몇 장과 옷가지 몇 점, 부엌살림 등 몇 가지뿐이다. 해먹는 음식도 단순해서 그릇 몇 개면 충분하다.

마침 점심을 준비하고 있었던 그들은 취재진에게 기꺼이 음식을 나누어 주었다.

베두인족의 주식은 누룩이 들어가지 않은 빵 무교병無酵餅이다. 길거리에 널어놓고 판다고 해서 '걸레빵'이라고도 부른다. 무교병은 아무것도 넣지 않은 통밀가루를 물에 반죽해서 넓적한 판에 평평하게 모양을 내어 굽는다. 이스라엘 백성이 이집트에서 급히 벗어나느라 누룩을 미처 불릴 시간이 없어 먹었던 바로 그 빵이라는 설도 있다. 성서에는 '애굽의 속박으로부터 자유와 구원을 기념하는 음식'이라고 기록되어 있다.

이 밖에 또 하나의 주식은 '양젖'과 올리브유 소스를 곁들인 '갈은 콩'이다. 쉽게 구할 수 있으면서 영양을 고려한 식사다. 베두인족은 지난 수천 년 동안 이렇게 식사를 해왔고, 이렇듯 욕심 없이 살아왔다.

 이제 베두인족은 물을 찾아 옮겨 다니지 않아도 되고, 물질적으로도 매우 풍요로워졌다. 그러나 부러진 나뭇가지조차 요긴하게 쓸 줄 아는 그들의 검박한 지혜는, 물질에 치중한 우리들의 삶을 다시 한 번 뒤돌아보고 반성하게 한다. 검박한 삶을 지향하며 믿음에 집중해서 사는 삶이야말로 하나님께서 바라시는 삶일 것이다.

 뜻밖의 음식 대접을 받고 고마움으로 작별 인사를 나누는데 중천의 해가 어느덧 서쪽으로 기울어져 있다. 집을 떠나 사막의 뜨거움과 황량함 속을 떠도느라 지친 취재진에게 따뜻한 식사와 정을 나눠준 그대들에게 하나님의 은혜가 깃들기를. 오늘 그대들을 만난 것은 행운이었으며, 오늘 나눠준 점심은 돌아가서 두고두고 그리움과 고마움으로 남을 것이다. 안녕히…….

장엄한 붉은빛의 향연
그 순간 모든 사람이 동시에 기도를 올린다
그리고 겸허하게 숙인 고개 위로
눈부신 태양이 빛을 쏟아낸다

모세가 하나님으로부터 십계명을 받은
시내산 정상 위로 붉은 태양이 찬란한 빛을 쏟아내고 있다.

자연의 붉은 성전, 시내산

시내산이 있는 시나이반도 끝자락 르비딤Rephidim골짜기에 가까이 갈수록 흙 한 줌, 나무 한 그루 찾아볼 수가 없다. 온통 바위산 뿐이다. 이 척박한 산을 모세는 광야생활로 지친 이스라엘 백성을 이끌고 올랐었다. 그리고 하나님으로부터 십계명을 받았다. 약속의 땅 가나안에 들 수 있으리라는 확신을 하지 못한 채 정처없이 떠돌다 받은 율법이니 그 벅찬 심정을 어찌 단어 몇 개의 조합으로 헤아릴 수 있을까.

시내산 중턱의 숙소에서 고된 하루의 여정을 풀고 이튿날 일어난 시각이 새벽 2시. 더 늦으면 시내산 일출을 볼 수 없기 때문이다. 낙타가 있는 성 캐더린수도원Monastery of St. Catherine 앞까지 걸어서 5분. 국적과 종교가 다른 여행자들이 벌써부터 집결해 있다. 모두 시내산을 오르기 위함이다.

그들 중에는 히잡Hijap을 두른 모슬렘들도 꽤 있다. 그 광경에 잠시 혼란스러웠던 것은 시내산을 기독교인만의 성산이라고 생각했던 까닭이다. 이슬람교 역시 모세를 선지자로 여긴다는 것을 미처 떠올리지 못했던 것이다. 그러니 그들의 성전이기도 한 것이다.

한라산(1,950미터)보다 300여 미터나 더 높은 시내산(2,285미터)을 막상 어둠 속에서 마주하니 산의 굴곡과 오름의 각도가 가늠되지 않는다. 잠시 후, 사람들이 달빛에 의지해 시내산을 오르기 시작하는데, 그 실루엣만으로도 묘한 감동이 가슴 밑바닥에서부터 밀려 올라온다. 저들은 지금 무엇을 보고자, 또 무엇을 얻고자 시내산을 오르는 것일까.

땅에 익숙해진 몸으로 힘겹게 700개의 돌계단을 지나 산 정상에 이르니 찬란한 아침 해가 순식간 불쑥 솟아오른다. 장엄한 붉은빛의 향연. 그 순간 모든 사람이 동시에 기도를 올린다. 그리고 겸허하게 숙인 고개 위로 눈부신 태양이 빛을 쏟아낸다. 이 감동을 표현할 수 있는 적당한 언어가 떠올려지지 않음이 안타까울 뿐이다. 아, 가슴이 벅차오른다.

여호와께서 모세에게 이르시되, 너는 산에 올라 내게로 와서 거기 있으라. 네가 그들을 가르치도록 내가 율법과 계명을 친히 기록한 돌판을 네게 주리라(출 24:12).

모세는 이 힘한 바위산을 오르며, 또 저 일출을 바라보며 무엇을 생각했을까. 사람들은 모세가 하나님을 만난 시내산 위치에 대한 진실 여부를 놓고 왈가왈부하기도 하지만 생각해보면 그것이 뭐 그리 중요할까 싶다. 진실의 의미보다 더 중요한 것은 자신이 선택한 믿음이 아니던가.

시내산을 내려오는 길, 광야로부터 불어오는 바람이 새롭다.

모세 석양에 잠들다, 요르단의 느보산

　　　　　　교만이 마음을 지배하면 영혼은 제 길을 잃게 되며, 또 독사와 같아서 회개보다 독을 먼저 품게 된다. 교만은 간사한 사람의 말에 귀 기울이게 하여 죄를 낳고 그 죄는 구원으로부터 멀어진다. 모세가 가나안을 눈앞에 두고 돌아설 수밖에 없었던 이유도 순종하지 않는 '교만의 죄' 때문이었으니 그 덧없음이야말로 찰나의 허무가 아니고 무엇이겠는가.

　여호와께서 모세와 아론에게 이르시되 너희가 나를 믿지 아니하고 이스라엘 자손의 목전에서 내 거룩함을 나타내지 아니한 고로 너희는 이 회중을 내가 그들에게 준 땅으로 인도하여 들이지 못하리라 하시니라(민 20:12).
　아론은 그 조상들에게로 돌아가고 내가 이스라엘 자손에게 준 땅에는 들어가지 못하리니 이는 너희가 므리바 물에서 내 말을 거역한 까닭이니라(민 20:24).

　이집트에서 40년, 양 치는 도망자로 40년, 이스라엘 백성을 이끌고 광야를 헤맨 것이 40년. 길 위에서 보낸 모세의 120년 인생은 참으로 길고도 굴곡졌다. 느보산 Nebo Mt. 에 올라 마지막 숨을 거두며 하나님의 모든 명령을 내려놓는 순간에도 모세의 두 어깨는 진정 가볍지 않았을 것이다. 그때 바라본 가나안 땅은 모세에게 무엇을 말하고 싶었을까. 그리고 하나님의 품으로 돌아간 뒤 모압Moab 평야에서 30일 동안 통곡하는 이스라엘 백성을 내려다보며 어떤 심정이었을까.

그러나 모세가 요르단의 느보산에서 잠들었다는 것은 추측일 뿐이다. 성서에서 '여리고Jericho, 예리코 맞은 편 비스가산(아바림 산맥에 속한 느보산 서편 산 혹은 비스가산 정상을 느보산으로 보기도 한다)'과 같은 장소로 추측하는 곳이 바로 느보산이다. 또 모세의 죽음을 기념하고자 4세기경 세운 대성당이 발굴되면서 그 위에 복원된 교회가 모세기념교회다.
모세의 흔적을 찾아온 순례자들은 모세기념비를 통해 모세와 영적 교감을 하고 있었다. 느보산의 모세기념교회The Memorial of Moses on Mt. Nebo에서 소박한 예배를 올리고, 이탈리아 피렌체 출신의 조각가 지오반니 판토니Giovanni Fantoni가 예수 그리스도의 상징인 십자가와 뱀을 조합시켜 예술로 승화시킨 놋뱀을 보며 수천 년 전 광야의 모습도 떠올린다. 눈이 시리게 맑은 날은 멀리 보이는 사해와 여리고 지역을 하염없이 바라보기도 한다.

광야 한가운데서 맞는 산들바람이 기분 좋게 불어오는 저녁, 아름다워 슬프기까지 한 석양빛을 바라보고 선 일행이 모세의 마지막 순간에 대해 나지막이 이야기 자락을 풀어놓는다.

"아마도 새로운 물결을 위한 하나님의 뜻이 아니었을까요."
"모세의 좋은 끝을 위한 하나님의 배려였을 거예요. 모세가 만약 가나안 땅을 밟았다면 더욱 교만해졌을 테니까요."

"가나안 땅에 여호수아를 대신 보낼 때 모세는 이미 권력의 덧없음을 알았겠죠."

"그리고 그것이 또 다른 희망이었다는 것도 알았겠죠."

"저 석양빛이 마치 모세의 마지막 순간 같군요."

느보산 모세기념교회
정원에 세워져 있는 놋뱀 십자가.

느보산 정상 위 모세기념교회는 모세의 죽음을 기념하고자
4세기 경 세운 대성당이 발굴되면서 그 위에 복원되었다.

02 Egypt Old Cairo
끝나지 않은 기도

어떠한 바람이 불어와도 어떠한 슬픔이 깃들어도
흔들리거나 슬퍼하지 않는 생명이 있다.
악착같이 견뎌내는 생명이 있다.
그 생명은 또 다른 생명을 낳고
무심한 세월과 상관없이 가느다란 맥을 이어간다.
오늘 우리가 걸은 길이 바로 그와 같은 생명의 길이었으니,
어찌 고개가 절로 숙여지지 않으리.

이슬람 안에서 만난 기독교, 콥트

옛 것이 남아 있는 길은 우리의 생각을 과거로 확장시켜 준다. 이집트의 과거라 불리는 올드 카이로가 특유의 시끄럽고 복잡함 속에서도 수천 년 전의 세월로 우리를 끌어올리는 것은 바로 그 때문이다.

올드 카이로Old Cairo의 기독교는 흔적으로 남은 유적이 아니라 생생히 살아있는 종교다. 현재의 이집트는 90퍼센트가 이슬람교이고 10퍼센트가 콥트교Coptic Christian다. 콥트교의 전승에 따르면 콥트교는 이집트를 중심으로 발전해 온 초기 기독교 중의 하나다. 마가St. Mark에 의해 복음이 전파되었고, 알렉산드리아Alexandria 지방을 중심으로 이집트에 기독교가 전래함과 동시에 오랫동안 번성했다. 이집트에 초기 기독교 모습이 곳곳에 남아 있는 이유는 바로 이 때문이다. 모슬렘과 유대인과 콥트인이 가족처럼 살았다는 기록도 있으나 그 흔적을 찾아보기란 쉽지 않다.

콥트교는 451년 세계주교회의인 칼케돈공의회Council of Chalcedon에서 예수의 인성을 부정하고 신성만을 인정한다는 단성설 때문에 로마교회로부터 이단시 됨과 동시에 분리되었다. 하지만 현재는 이슬람교로부터 점령 당하고도 지하로 들어가 신앙의 끈을 놓지 않고 전승되어 옴으로써, 수도원 운동 등의 초대 교회 신앙과 전통을 보존한다는 평가를 받고 있다. 이들의 콥트어 성서는 성서학적으로 가치가 큰 고전 문헌이다.

올드 카이로를 중심으로 발전해 온 콥트교는 이슬람 문화권에서 모진 박해를 받으면서도 지독하리만치 강한 신앙으로 믿음을 지켜왔고 또 지켜가고 있다.

올드 카이로 내 성지에는 테러를 막는다는 명목으로 곳곳에 경찰들이 배치되어 있다.

올드 카이로 내 교회들은 천 년 넘는 세월을 품고 있다.
아기예수피난교회가 있는 뒷골목 풍경에서도 그 세월이 묻어난다.

언어로 지켜온 신앙, 콥트수도원

콥트교 성장의 뿌리에는 콥트수도원이 있다. 이집트 알렉산드리아 남서부 사막 한가운데 와디 나트룬 Wadi Natrun 지역에 세워진 성 마카리우스수도원이 바로 그곳이다. 사방의 바람을 고스란히 받아내는 성 마카리우스수도원 Monastery of St. Macarius 은 1천700여 년 동안 수차례 파괴와 재건이 거듭된 이집트 기독교의 산 기록이며, 세계 수도원의 본보기다.

나라를 빼앗겼을 때 신앙과 언어를 지키기 위해 49명의 수도사가 집단으로 순교하는 비극이 일어나기도 했으나 지금은 더할 나위 없이 평화롭다. 그 평화로움 속에서 성 마카리우스수도원의 내력을 자세하게 풀어준 것은 요한나 수도사와 호산나 수도사다.

"6명의 수도사와 함께 대부분 건물이 붕괴된 채 방치되어 있던 성 마카리우스수도원은 40년 만에 수도사 백여 명에 달하는 큰 수도원으로 재건되었고, 콥트어의 보존과 전파에도 많은 힘을 기울였습니다. 콥트어를 공부하는 사람의 수가 수천 명 단위로 늘어날 정도였으니까요. 덕분에 이 기간에만 100여 권 이상의 콥트어 신앙문서들이 발간될 수 있었습니다."

이슬람의 점령 이전 6천여 권에 달하던 콥트어 고서들은 이제 450여 권 밖에 남지 않았다. 주로 성경과 강론집의 필사본으로 성 마카리우스수도원 도서관에 조용히 꽂혀 있다. 그 중에는 새로 발간한 콥트어 도서도 상당수다.

수도원의 역사만큼이나 오래된 고서들은 수백 년 혹은 천 년 이상의 세월을 품고서 기독교 정신을 이어 왔다. 기록을 남기고 보존하는 것이 교회와 수도원의 본질적 임무 중 하나이기 때문이다. 그와 같은 노력의 결과로 콥트어 성서를 보존해 올 수 있었고, 찬송가도 콥트어로 부를 수 있으며, 시편도 콥트어로 낭송하고 있다.

"나라를 잃는다는 것은 단순한 영토의 상실만을 의미하는 것이 아닙니다. 신앙도 잃고 언어도 잃는 것입니다. 이집트의 고유 언어이자 초기 기독교의 성서를 기록했던 콥트어 역시 시간이 지나면서 점차 아랍어에 밀려 사라졌고, 콥트어 성서도 필사해 줄 사람이 없어 점점 잊혀져 갔지요."

언어로 기독교의 맥을 이어가는 성 마카리우스수도원의 수도사들은 가능한 한 조용하고 단순하게 생각하고, 소박한 식사를 하며, 기도로 하나님을 영접한다. 이는 모든 수도사의 공통적인 특성이지만 이슬람 통치하에서 그와 같은 삶을 한결같이 지켜 오기란 우리가 생각하는 이상의 고통이 따랐을 것이다. 하여 그 세월까지 헤아려 바라보게 한다.

이슬람 안에서 만난 아기예수와 모세

아기예수피난교회The Church of Abu Serga와 모세기념교회Ben Ezra Synagogue는 이슬람교의 영향으로 여기저기 흩어졌거나 폐허가 된 올드 카이로 내 기독교 성지이며, 성지순례단이 빼놓지 않고 찾는 곳이다. 곳곳에 솟은 이슬람교의 예배당인 모스크Mosque와 테러를 막는다는 명목으로 곳곳에 배치된 경찰들 때문에 잠시 혼란을 겪기도 하지만 개의치 않는 발길이 계속해서 이어지고 있다.

아기예수피난교회는 요셉과 마리아가 헤롯대왕의 박해를 피하고자 아기예수를 데리고 한 달 동안 피난했던 곳으로, 천연 석회암 동굴 위에 지어진 스무 평 남짓의 작은 예배당이다. 그러나 지금은 일반 건물의 지하라고 하는 것이 맞겠다.

이곳의 외관 중 가장 눈길을 끄는 것은 벽돌과 나무를 일정하게 끼워 맞춘 벽면으로, 과거의 시간이 묻어나는 것을 좋아하는 여행자들의 발걸음을 멈추게 한다. 한때 콥트교의 총본산이었기도 해서 역대 콥트 교황들의 사진도 볼 수 있다. 아쉽게도 아기예수가 피난했다는 석굴은 물에 잠겨 있다.

교회를 떠받드는 열두 개의 대리석 기둥 중 저 홀로 검붉은 것이 유난히 눈에 들어온다. 고맙게도 김 목사가 그 의문을 풀어준다.

"열두 개의 대리석 기둥 중 유독 하나만 검붉은 것은 은전 서른 닢에 예수를 로마 병사에게 넘겨준 가룟 유다를 상징하기 위해서라고 하네요. 피난 시절의 아기예수와 이미 배반의 죄를 지은 가룟 유다를 함께 보니 기분이 묘하지요. 참으로 무서운 형벌이 아닐 수 없어요. 배신자라는 꼬리표를 죽음과 세월에 상관없이 기억하게 하니 말입니다."

수십 개의 모스크와 교회에 둘러싸인 모세기념교회는 현지에서 '모세수난교회'로 불린다. 그러나 현판에는 벤 에즈라 회당^{The Ben Ezra Synagogue}이라고 쓰여있는 유대교 회당이다. 때문에 지난 2천 년 동안 유대인 공동체의 중심지 역할을 해왔다.

예배당에는 '안전한 보관소'라는 뜻을 지닌 보관소 구에니체^{Guenizeh}가 있다. 그곳에는 기원전 475년경 사슴가죽 위에 쓰인 오래된 구약성서가 보관되어 있다.

모세는 광야로 나갈 때 이곳에서 하나님께 모든 것을 맡기는 기도를 올렸을 것이다. 모세가 건져진 장소라고 추측하는 자리는 건물 뒤 계단을 내려가 있는 샘 '메크바'다. 9백 년 동안 괸 물을 여전히 품고 있는 '메크바'는 사실 성지순례를 목적으로 온 관광객들을 위해 만들어졌다. 그것은 구에니체에 보관된 오래된 구약성서도 마찬가지이다. 그러나 그와 상관없이 대부분의 성지순례자들은 당시의 모세와 구약성서를 영적으로 교감한다. 단, 샘 메크바가 건물 뒤 계단에 있어 미처 알고오지 못한 이들은 교회만 휙 둘러보고 그냥 간다고도 한다.

성지순례를 하다 보면 숨은 자리들을 더러 만난다. 때문에 사전 정보가 충분치 못하면 헛다녀오는 경우가 종종 있는데, 이곳도 자칫 그럴 수 있는 곳이다. 때문에 만약 대충 둘러보는 관광이 아니라면 미처 눈길이 머물지 않은 곳까지 꼼꼼히 둘러보거나 사전에 충분히 정보를 알고 가는 것이 좋다. 우리가 찾지 못한 성서의 흔적을 발견하게 될지도 모르니까 말이다.

쓰레기 더미로 내몰린 기독교,
모까땀 쓰레기마을

"누구든 이곳에 오면 문화적, 종교적 충격으로 할 말을 잃습니다. 지금 당신들처럼 말이지요."

쓰레기마을로 향하기 전, 김 목사는 종교적 차별을 받고 있는 이집트 내 콥트교가 어느 정도로 힘들게 믿음을 지켜가는 지에 대해 말했다. 단지 귀로 들은 이야기가 아닌 선교 활동을 하며 직접 보고 겪은 경험담들이어서 더욱 생생하게 와 닿았다.

김 목사로부터 처음 '모까땀 쓰레기마을' 이야기를 들었을 때 무척 놀라기는 했지만 충격적이지는 않았다. 그러나 그들의 생활상을 직접 눈으로 확인했을 때는 너무도 충격적이어서 할 말을 잃을 정도였다.

쓰레기마을은 안와르 사다트 전 대통령과 호스니 무바라크 대통령의 정책에 의한 것이다. 정부에서는 이곳의 쓰레기를 처리할 노동력이 필요했고, 최하층민인 콥트인들이 들어와 살게 된 것이다.

어쩔 수 없이 받아들였던 자신들의 삶에 이제는 익숙해진 사람들. 때문에 거리낌 없는 대화는 가능했으나 촬영은 쉽지 않았다. 정부로부터 내몰린 뒤 바깥 세계와의 단절 속에서 살아온 탓에 낯선 이방인들을 경계했고, 그런 그들을 카메라에 담아야 하는 카메라맨은 몹시 고역스러워 했다. 결국 세 번의 방문과 설득 끝에 촬영이 이루어졌다.

'카이로의 할렘'이라 일컬어지는 쓰레기마을은 고대 이집트에서 피라미드를 건축할 당시 채석장이었던 바위산 언덕에 만들어졌다. 35년 전 정부로부터 내몰린 콥트인들이 들어와 살기 시작해서 지금은 수천 명에 이른다. 그 중에는 콥트인이 아닌 사람들도 더러 섞여 있다. 집, 가게 등 사람 사는 데 필요한 것들은 어지간히 갖추어져 있으나 참을 수 없는 악취는 익숙해지는 것 외에 다른 도리가 없다.

쓰레기마을 사람들은 깡통, 빈병, 플라스틱 물병, 종이 등을 분리 수거해서 생계를 유지한다. 어른들이 쓰레기더미 속에 철퍼덕 주저앉아 고무장갑도, 갈퀴도, 집게도 없이 맨손으로 일하고 있으면 아이들은 고사리 손을 보탠다. 그렇게 온종일 벌어도 우리 돈으로 겨우 몇 천 원. 그 돈으로 온 식구가 밥을 먹고 산다. 그나마 시원찮은 날에는 공치기 일쑤다.

쓰레기더미에서 매일 수없이 코카콜라 병을 주으면서도 정작 코카콜라를 마실 엄두도 못 내며, 새 것이거나 화려한 것은 더더욱 생각도 못 한다. 전기가 아예 들어오지 않아 밤엔 성서를 제대로 읽을 수도 없지만 스스로 선택한 삶이기에 비참한 현실조차 축복으로 여긴다.

또한 쓰레기마을에서는 이슬람권에서 금기시 하는 돼지를 키운다. 이슬람에서 돼지고기는 금기 음식인데 이는 이슬람교 경전인 코란Koran에도 명시되어 있다. 그러나 쓰레기마을에 사는 콥트인은 돼지 사육으로 생활의 도움을 받고 있다. 어렵게 마을 사람 하나가 그 이유를 설명해

기독교인이라는 이유만으로 온갖 쓰레기와 악취 속에서 살아가는
쓰레기마을 사람들은, 그러나 '믿음'이 있기에 괜찮다고 여긴다.

주었다.

"돼지는 우리에게 매우 유용한 가축이에요. 이것저것 다 먹어 치우니까요. 한마디로 쓰레기 처리반인 셈이지요."

살아서는 쓰레기 처리반으로, 죽어서는 요긴한 음식과 수입원으로 아낌없이 쓰이는 돼지는 어쩌면 쓰레기마을 사람들에게 유일한 박해의 해소방법일지도 모를 일이다.

"모슬렘이 아니면 사회적으로 또 직업적으로 심한 차별을 받을 수밖에 없는 우리에게 정부는 적지 않은 보상금으로 개종을 설득시킵니다. 그래서 극히 일부는 개종하여 악취에서 벗어나기도 하지만 대부분 사람은 굳건히 신앙을 지켜가고 있습니다."

기독교인으로 태어나 기독교인이라는 이유만으로 자신의 짐을 기꺼이 지고 살아가는 쓰레기마을 사람들. 그들의 이 말은 이집트 기독교인의 현재 삶을 들여다볼 수 있게 한다. 콥트교와 더불어 잘 알려지지 않았던 쓰레기마을은 『바이블루트』를 통해 최초로 알려진 후 큰 반향을 불러왔다. 종교적 박해로 쓰레기마을에 내몰려 산다는 것이 기독교인들에게는 좀처럼 믿고 싶지 않은 현실이었기 때문이다.

그러나 그것은 우리의 생각일 뿐, 쓰레기마을 사람들은 어쩔 수 없는 선택이었음에도 누구의 탓으로 돌리거나 슬퍼하지 않으며 믿음에 허점을 남기지 않는다. 그리고 보면 쓰레기마을 사람들의 극적인 삶에 견주어지는 우리들의 희생 없는 믿음은 얼마나 얄팍한 것인가.

삶을 이어가게 하는 힘,
성 사만교회

"제가 사는 이 지역은 대부분 기독교인이 삽니다. 이 지역에서 기독교인으로 사는 자체가 영광입니다."

온갖 냄새와 얼룩이 배인 옷 대신 깔끔한 와이셔츠를 정성스럽게 차려입고 성 사만교회를 찾은 쓰레기마을의 하니 바트 씨의 말은, 신앙이 자유로운 다른 국가의 기독교인들에게 큰 메시지를 남긴다. 그것은 또한 신앙의 순수성을 지켜왔다는 자부심의 또 다른 표현이기도 하다.

쓰레기마을 사람들에게 주일은 삶과 믿음을 이어가게 하는 매우 특별한 날이며, 평일의 악취를 고스란히 견디게 하는 힘이자 희망이다. 때문에 여느 기독교인들보다 더 가슴 설레며 주일을 기다린다.

주일이 되면 쓰레기마을 사람들은 가장 깨끗하고 좋은 옷으로 갈아입고 성 사만교회를 찾는다. 쓰레기마을을 지나 500미터 지점에 있는 성 사만교회 Church of St. Samaan는 대부분 이집트 교회들처럼 콥트교다. 모슬렘의 중심부에서 오랜 기간 박해를 견뎌내며 올드 카이로를 중심으로 신앙을 지켜왔는데, 쓰레기마을도 그 중 하나다. 그리고 이 '변방의 교회' 중심이 되는 곳이 바로 성 사만교회다.

성 사만교회는 피라미드 건축 당시 채석장이었던 거대한 바위산 밑을 파서 만든 큰 규모의 동굴교회인데, 모까땀동굴교회Samaan El Kharaz Cave Church로도 불린다. 교회 바로 위는 옛날 고대 이집트 왕들의 무덤이 있었던 자리이며, 지금 그 바위 위에는 예수의 부활 상징이 부조되어 있다. 또한 동굴교회 입구에는 성서의 일부분을 옮겨놓은 석화들이 부조되어 있다. 오랜 세월 박해의 고통을 받아온 이들에게 부활신앙은 가장 큰 위로와 소망이었을 것이다. 그래서 성 사만교회의 모든 방향은 동쪽으로 향해 있다. 부활한 예수가 동쪽에서 올 것이라는 믿음 때문이다. 예배는 일주일에 세 번 이루어진다. 금요일은 예수의 죽음을, 일요일은 예수의 부활을, 수요일은 유다의 배신을 기억하기 위해 예배를 올린다.

성 사만교회는 현대식으로 다시 개조했는데 그것을 안타까워하는 이들도 없지 않다. 그러나 사회적 정치적으로 자유롭게 활동할 수 없는 기독교인들이, 경제적으로 부를 축적하는 것만이 유일한 사회적 성공의 길임을 알고 나면 현대식 성 사만교회의 규모가 이해가 된다.

저녁 7시가 조금 안 된 어스름한 무렵, 지붕없는 성 사만교회 예배처소에 교인들의 발걸음이 끊임없이 이어진다. 수많은 좌석이 금세 꽉 차고, 그대로 드러난 밤하늘에는 별이 총총하다. 자연과 신과 사람이 합일된 느낌. 누구라도 이 순간을 경험한다면 신앙의 깊이가 달라지리라.

탁 트인 원형극장의 형태를 갖춘 성 사만교회 내부는 시선을 가로막는 기둥도, 눈길을 빼앗는 화려한 벽화도 없다. 그저 수많은 사람들이 올리는 예배 광경만이 보일 뿐이다. 이집트 전통문화와 결합한 찬양소

주일이 되면 쓰레기마을 사람들은 가장 깨끗하고 좋은 옷으로 갈아입고 성 사만교회를 찾는다.

교회 바로 위는 옛날 고대 이집트 왕들의 무덤이 있었던 자리이며, 지금은 예수의 부활 상징이 부조되어 있다.

리가 동굴교회 특유의 울림으로 박해의 땅에 퍼져 나갈 때, 이곳에 살아 역사하시는 하나님의 숨결이 느껴져 형언할 수 없는 전율이 인다.

　예배는 다소 긴 편으로 두 시간이 넘었다. 1천500년 전의 언어인 콥트어로 먼저 성서를 낭독하고 나서 아랍어로 다시 번역하여 낭독하기 때문이다. 그러나 이슬람 사회의 한복판에서 올리는 예배는 너무나 아름다운 감동과 은혜의 시간이었다. 이렇듯 금지된 신앙의 언어를 성직자와 예배를 통해 지켜 온 이들의 노력이야말로 끊임없는 박해 속에서도 살아남은 이유일 것이다.

성 사만교회 입구에는 성서의 일부분을 옮겨놓은 석화들이 부조되어 있다.

손목에 새기는 신앙,
십자가 문신

콥트인이 모여 사는 모까땀 지역의 한 마을 공터를 지나는데 남자 아이의 울음소리가 들린다. 소리 나는 방향으로 여러 명의 사람이 모여 있다. 이제 막 6~7세가 될까말까 하는 남자 아이가 손목에 십자가 문양을 문신하는 중인데 그 모습이 마치 아동학대처럼 보인다. 발버둥치는 아이를 부모가 꽉 잡고 있고, 또 다른 어른이 드릴 같은 문신 기구를 아이의 손목에 들이대는 광경은 차마 정면으로 보기가 어려울 정도다. 떨리는 마음으로 묻는 취재진에게 아이의 부모는 너무나 담담하게 대답을 한다.

"아직 어린아이인데 너무 가혹하지 않나요?"
"문신은 평생 '기독교 신자'로서 살아가겠다는 약속입니다. 또 믿음의 대가 끊기지 않기 위해서입니다. 당장은 아프겠지만 이렇게 예수님과 함께 고통을 나누는 것이 기독교인의 의무라고 생각합니다. 그걸 잊지 않기 위해 문신을 새기는 것입니다."

아이의 문신은 콥트교가 있는 곳이면 어디서든 행해진다. 문신의 자리가 손목인 것은 예수님이 십자가에 못 박히신 바로 그 자리에 새김

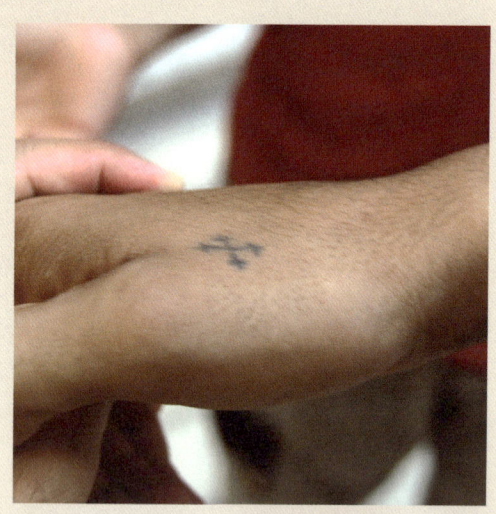

유대인의 할례처럼 십자가 문신은
콥트인의 의무나 마찬가지다.

으로써 평생 예수님의 고통을 기억하라는 뜻이다.. 이집트 전통 풍습과 결합한 십자가 문양 문신은 수천 년 전 이집트에서 시작되었고 그 영향을 받은 것이다.

유대인의 할례처럼 십자가 문신은 콥트인의 의무나 마찬가지다. 기독교에 대한 이집트 당국의 박해는 점점 더 치밀하고 노골적이어서 아이들은 하나님과 예수님에 대한 신앙이 깊어지기도 전에 '이슬람의 바다'에 던져진다. 문신은 아이가 자라서 이런 상황에 부닥치게 될 때 다시 한 번 하나님과 교회를 생각하라는 '당부'와 같다.

현재 콥트교 젊은이들은 기독교인이라는 이유로 취업에 제한을 받으며 '신앙이냐, 내 인생이냐?'를 놓고 심각한 고민에 빠져 있다. 이슬람 여인과의 사랑도 고민 중 하나다. 그들이 결혼하기 위해서는 개종은 물론 '명예살인'까지 각오해야 한다. 실제로 이슬람 여인과 사랑에 빠진 청년의 집안이 이슬람으로부터 테러를 당했다고 한다.

십자가 문신을 하지 않고도 지켜갈 수 있는 신앙은, 핍박 없이도 종교의 맥을 이어갈 수 있는 세상은 정말 불가능한 것일까. 그리고 구원을 바라는 저들의 기도는 언제쯤 끝날 수 있을까. 신앙의 자유 속에서 살면서도 때때로 믿음의 나약함을 자주 보임에 그저 부끄러울 따름이다.

03 Jordan & Israel

영광의 흔적

영광은 찰나고 덧없는 것.
한때의 화려함은 몇 줄의 기록과 폐허로 남고,
그 이야기는 무수한 짐작까지 보태져 대를 이어온다.
오늘 우리가 밟은 길이 그러하였으니
어찌 아니 궁금하고, 가벼울 수 있으랴.

반목과 대립의 현장, 요단강

'강'은 삶과 죽음의 경계선. 그리스 신화에서는 슬픔의 강과 망각의 강이, 성서에서는 요단강이 그러하다. 영혼이 강을 무사히 통과하면 젖과 꿀이 흐르는 천국에 이른다 한다.

성서에서 스물여섯 번에 걸쳐 언급될 정도로 중요한 의미를 지닌 요단강은, 그러나 삶과 죽음의 경계를 논하기가 애매하다. 현실에서 만나는 요단강은 생각보다 강의 규모가 작으며, 건기에는 물이 마르기도 한다니 그때 요단강을 보는 순례자는 크게 실망할 수도 있다.

사실 요단강 Jordan River, 요르단강은 천국으로 들어가는 입구도, 이승과 저승을 갈라놓는 경계선도 아니다. 요단강은 예수님이 요한으로부터 세례 받은 강이며, 모세가 가나안 땅을 눈앞에 두고도 건너지 못한 강이다. 그러나 지금의 요단강은 안타깝게도 이제 더 이상 성스러운 강이 아니다. '침묵의 강' 혹은 '비극의 강'이다. 중동의 유혈사태 현장인 서안지구가 바로 요단강과 사해 서쪽 지역이기 때문이다.

요단강은 갈릴리호수와 사해 사이를 잇는 강줄기이다. 이곳은 대부분 군사지역으로 일 년에 단 하루 10월 마지막 주 목요일에만 그 문이 열리는데, 일부 구역은 제한되어 있다. 로마 교황청의 오랜 요청을 이스

순례자들은 예수님의 세례를 재현해보고자
요단강 물에 직접 몸을 담그기도 한다.

라엘과 요르단 양국이 받아들이면서 그나마 내려진 조치다.

요단강에서 예수세례터로 추정하는 곳은 두 군데다. 요단강 발원지에서 조금 떨어진 이스라엘의 야르데니트Yardenit와 엘리야 승천 언덕에서 멀지 않은 요르단의 베다니Bethany이다.

이스라엘의 야르데니트는 예수님이 요한에게 세례를 받은 곳은 아니나, 몸을 담가 침례할 수 있는 상설 세례터다. 순전히 관광을 목적으로 조성한 곳인데다 요르단과 이스라엘 두 나라 접경 지역을 피해 있어 출입이 비교적 자유롭다. 갈릴리호수가 요단강 상류지역이어서 정세로 인한 위협을 받지 않기 때문이다.

요르단에서 주장하는 베다니는 요르단과 이스라엘의 비무장 지역에 있다. 성서, 비잔틴시대 순례자들의 기록, 1990년대부터 시작된 발굴 작업을 통해 각종 유물이 발견되면서 예수세례터로 인정되고 있다. 순례자의 출입이 자유로워진 것은 불과 얼마 전이다.

많은 순례자는 이스라엘의 야르데니트에서 예수님의 세례를 재현해 보기 위해 요단강 물에 직접 몸을 담그기도 한다. 안내소에 약간의 돈을 지급하면 에세네파Essenes, 예수 시대의 정결한 신앙을 강조한 유대교 일파를 대표하는 흰 옷을 빌려 입을 수 있다. 그런데 성스러운 예수님의 세례 의식을 따라하는 것조차 관광지 이벤트가 된 듯하여 씁쓸한 마음이 들기도 한다. 하지만 예수님이 받았던 세례터에서 세례를 받고 다시 태어나고 싶은 마음은 순례자라면 모두 같을 것이다.

요단강은 요르단과 이스라엘의 국경이다. 중동 지역의 이슬람 국가 중 이스라엘과 국교를 맺고 있는 나라는 요르단과 이집트 뿐이다. 그리고 육로를 통해 이스라엘로 들어갈 수 있는 국경은 가자^{Gaza}와 타바^{Taba}, 요르단과 접해 있는 킹 후세인 다리$^{King\ Hussein\ Bridge}$다. 이 3개의 국경 중 가장 유명하고 많이 이용하는 국경은 요단강을 잇는 킹 후세인 다리로, 이스라엘에 이르면 알렌비 다리$^{Allenby\ Bridg}$로 그 이름이 바뀐다.

예수님의 생애가 곳곳에 기록된 의미 있는 땅인 동시에 '세계의 화약고', '중동의 불쏘시개'로 불리는 분쟁의 땅 이스라엘. 그러나 하나님께서는 그 거칠고 험한 길 위에서조차 선하고 곧은 믿음으로 사람과 풍경을 대하게 하신다.

이성과 믿음의 충돌

이집트와 이스라엘이 국경을 맞대고 있는 타바국경 검문소를 통과할 때 가장 필요한 것은 '참을 인'이다. 팬티 속까지 뒤진다는 말이 있을 정도로 검문이 까다롭기 때문이다. 종종 그 정도가 지나쳐 아무리 성격 좋은 사람이라도 속이 부글부글 끓어오른다. 만일 뭔가 미심쩍다 싶으면 그날 안에 이스라엘 국경을 통과하기가 힘들어질 수도 있다. 그럼에도 대부분의 사람들이 이스라엘 직항기를 많이 이용하는 것은, 검문이 까다로운 만큼 이스라엘 국적기가 세상에서 가장 안전한 비행기로 통하기 때문이다.

국경을 원활히 통과하기 위해 마련한 대비책은 한국인 순례단과 합류하는 것이다. 수많은 관광객이나 방문자 중에서 단체 성지순례단이 가장 빨리 국경을 통과한다는 소문을 익히 들었던 터였다.

그렇게 합류한 한국인 성지순례단 속에서 이성과 믿음이 충돌한 여자를 만났다. 그녀는 하염없이 눈물을 흘리며 어찌할 바를 모르고 있었다. 이미 그것을 경험했거나 짐작으로 느낀 일행은 흔들리는 그녀의 영혼을 위해 한마음으로 기도를 올렸다. 영적인 곳에 사탄이 역사한다 했으니, 기도로써 극복할 수 있도록 도운 것이다.

"혼란스러워요. 내가 생각한 성지의 모습이 아니었어요. 그곳에 기독교는 없었어요."

2년 전 하나님을 영접했다는 그녀는 성지순례를 하는 동안 자신의 생각과 너무 다른 성경의 흔적 앞에서 몹시 불안했노라고 했다. 설렘과 기대로 준비한 은혜 충만한 순례 길과는 달리 영적 짓눌림에 힘들었다고 했다.

성지순례를 떠날 때 가장 필요한 것은 '오랜 기도'와 '묵상', '신앙적인 준비'와 '말씀의 무장' 그리고 충분한 사전 정보와 성경의 역사적, 지리적 배경이다. 안타깝게도 성지순례를 계획하는 대부분 사람들이 바쁜 생활 속에서 간신히 틈을 내므로 사실상 그런 준비를 하기는 어렵다. 성지순례에 여행의 의미만 부여할 때는 더더욱 그렇다. 그 경우 그녀와 같은 갈등과 혼란을 겪기도 하는 것이다.

현지에서 이와 같은 상황을 잘 아는 신앙적 리더나 조언자를 만나면 성지순례의 길이 훨씬 더 충만해진다. 그렇지 않고 성지순례의 빠듯한 일정을 따라가다 보면, 성지를 단순히 피상적으로만 바라보게 되어 큰 낭패를 보기도 한다. 간혹 성지순례를 다녀온 이들이 기독교에 대해 반감만 품고 돌아왔다거나 다녀온 후 시험에 들었다는 고백을 하는데, 바로 이와 같은 이유가 가장 크다.

"사실은 저도 그랬어요. 렌즈를 통해 바라본 이곳 상황을 보고 혼란스러웠어요. 그래서 늘 마음속에 '왜'라는 의문을 품고 다녔습니다."

믿음 좋은 자매를 만나 기독교인이 된 후배 한경수 PD도 그녀와 같은 마음이었노라고 고백했었다. 끊임없이 돋아나는 혼란은 통과의례 같은 것. 우리 모두 그 물음 위에 있는 불안한 존재이니 그를 도울 수 있는 것은 중보기도 밖에 없으리라.

그리고 중보기도는 이스라엘에서 더욱 필요하다. 정치적 종교적 대립과 반목이 여전히 계속되고, 오랜 역사를 거쳐 오면서 기독교 성전들이 묻히거나 제 모습을 잃었기 때문이다. 그 모습을 보는 우리 역시 기도의 힘이 필요할 정도로 이리 가슴 아픈데, 우리 죄를 대신해 십자가의 고통을 감내하신 예수님이 보시기에는 얼마나 더 가슴 아프실까.

타바국경에 세워진 이집트 초소.

영광과 오욕의 교차로, 예루살렘

예수님의 땅 예루살렘Jerusalem. 그리고 기독교, 유대교, 이슬람교가 번갈아가며 영광의 흔적과 오욕의 상처를 남긴 땅. 그곳에서 사라진 평화와 부인되는 예수님을 만나는 일은 수많은 생각과 아픔과 상념을 불러일으킨다.

예수님의 십자가 못 박히심과 부활, 이스라엘을 번영으로 이끌었던 다윗의 용맹과 솔로몬의 지혜, 가룟 유다의 배신과 베드로의 부인否認, 로마의 점령으로 갈가리 찢긴 디아스포라Diaspora, 실향민, 예루살렘 성을 되찾기 위해 벌어졌던 잔인한 십자군 전쟁. 이 모든 역사가 얽히고설킨 예루살렘은 지금, 이스라엘과 팔레스타인 두 나라의 양보 없는 싸움으로 언제 터질지 모르는 위험천만한 땅이 되어 버린 지 오래다. 그래서 예루살렘의 오랜 역사를 면밀하게 짚지 않고는 그 설명이 어렵다.

하지만 그 곤혹스러운 땅에서조차 거룩한 흔적으로 살아 계시는 예수님을 가슴으로 만나는 일은 언제나 은혜롭고 뭉클하다. 또한 그 현장에서 들려오는 예수님의 목소리는 많은 기독교인들의 눈시울을 뜨겁게 한다.

예루살렘아 예루살렘아 선지자들을 죽이고 네게 파송된 자들을 돌로 치는 자여(마 23:37).

유대인들의 가장 성스러운 성지이자 기도터인 통곡의 벽 전경.

유적의 나이테 위에 복원되는 역사

숱한 영광과 고난의 역사를 지닌 도시 예루살렘은 곳곳에 땅이 파헤쳐져 있다. 예루살렘의 과거를 찾고자 하는 유대인들이 잃어버린 2천 년을 되찾기 위해 자금과 기술을 동원한 역사 복원의 현장이다. 이스라엘 히브리대학교Hebrew University of Jerusalem 도론 밴 아이 박사가 그 현장에서 예루살렘이 지니고 있는 세월의 흔적들을 설명해 주었다.

"다른 지역과는 달리 예루살렘은 이스라엘이 멸망하기 전까지 한 번도 파괴된 적이 없습니다. 그것이 의미하는 바는 여기에 살았던 사람들은 매우 오랫동안 한자리에서 계속 살았다는 겁니다. 이전에 있던 집이나 담을 아주 조금씩 고치거나 아니면 그냥 있는 그대로 살기도 했습니다."

예루살렘은 일반 가정집조차 무너지고 쌓기를 반복하면서 수천 년을 이어 왔다. 자세히 보면 아래위 벽을 쌓은 돌의 크기, 모양, 쌓는 방식, 무너져 내린 방향도 각각 다르다. 심지어 어떤 곳은 서너 가지 방식으로 쌓은 곳도 있다.

그리고 유대교, 기독교, 이슬람교가 오랜 세월에 걸쳐 차례로 주인이

예수님이 걸었던 원래의 길도
그 길 10미터 아래쯤 묻혀 있을지도 모른다

유대인들이 잃어버린 2천 년을 되찾기 위해
자금과 기술을 동원한 예루살렘 복원 현장.

되어 다스리는 동안, 수많은 성지도 점령한 주인에 의해 그 모습을 달리해 왔다. 회당 위에 모스크가, 모스크 위에 교회가, 교회 위에 모스크가 계속해서 되풀이 세워진 것이다.

 길 또한 마찬가지다. 예수님이 걸었던 원래의 길도 그 길 10미터 아래쯤 묻혀 있을지도 모른다. 그래서 지금의 건물을 헐거나 길을 걷어내지 않고는 제대로 발굴하거나 복원할 수 없다. 작업이 천천히 진행되는 것도 바로 그 때문이다.

"지금의 예루살렘은 구약시대 이스라엘 왕국의 수도였던 예루살렘과는 많은 차이가 납니다. 현재 우리가 보는 예루살렘 성은 16세기 경 이곳을 점령한 오스만투르크제국Osman Turk Empire의 술레이만Suleiman 1세에 의해 만들어진 것으로, 구약시대의 흔적들은 파괴되었거나 시간과 더불어 자연히 사라졌지요."

보이는 대부분 것들은 단순하다. 그러나 그 내막에 깊숙이 접근해 들어가면 상상하지 못했던 것들이, 몰랐던 세월이 존재한다. 도시 자체가 하나의 거대한 종교박물관이라 해도 과언이 아닌 예루살렘에서 보이는 것만 봐서는 안 되는 까닭이 바로 여기에 있다.

메시야의 길, 비아 돌로로사

'비아 돌로로사'. 가시관을 쓴 서른세 살의 젊은 예수님이 70킬로그램의 감람나무 십자가를 짊어지고 빌라도 법정에서 골고다 언덕까지 오른 길. 사람들은 이 길을 '슬픔의 길' 혹은 '고난의 길'이라고 부른다. 그리고 기독교인들에게는 '구원의 길'이며 '신앙의 완성 길'이다.

그러나 비아 돌로로사Via Dolorosa는 폭 2미터의 좁고 시끄러운 아랍인 시장 골목으로 장사치들의 생계를 위한 길이다. 큰 의미 없이 걷는다면 상관없겠지만 그곳에서 예수님의 흔적을 보려고 한다면 누구나 한숨부터 내쉴 것이다. 또한 순례자들을 대상으로 너스레를 떨며 물건을 파는 장사치들 틈에서 예수님의 생애를 묵상하기란 여간 어려운 일이 아니다.

예수 고난의 발길을 따라 걷다 보면 십자가에 못 박혀 돌아가신 골고다 언덕 아래에 이르고, 그곳에는 예수님의 무덤이 있는 성묘교회Church of the Holy Sepulchre가 모습을 드러낸다.

지금은 화려한 교회이지만 2천 년 전의 성묘교회는 바위를 뚫어 만든 무덤이었다. 성묘교회에서는 예수님의 것으로 추정되는 무덤 자리와 두 개의 십자가가 함께 발견되었다. 그 중 하나는 예수님께서 못 박히

세상 모든 죄를 십자가에 짊어지고 오르셨던 고난의 길, 비아 돌로로사.
그 길의 출발점에서 매주 금요일 오후 각 지점의 기념교회들이 문을 열어 놓은 가운데
가톨릭의 의식으로 십자가의 길이 재현된다.

셨던 십자가로 여겨진다. 해마다 수많은 순례자는 예수님의 시신이 있었던 무덤 자리를 찾아 고개를 숙인다. 감격과 눈물의 키스도 잊지 않는다.

비아 돌로로사에는 각각의 의미가 있는 14개의 처소가 있다. 제 1지점부터 9지점까지는 십자가를 지고 가신 길을 따라 있고, 제 10지점부터 14지점까지는 성묘교회 안에 있다. 로마가톨릭의 프란체스코 수도사들이 의미를 부여한 처소이지만 전 세계에서 온 순례자들은 다만 온 마음으로 걸으며 경건하게 묵상할 뿐이다.

첫 번째 지점, 예수 본디오 빌라도 재판정에서 온갖 고초와 십자가형을 확정받다. 그 고통의 무게를 어찌 짐작할 것인가.
두 번째 지점, 가시관과 십자가를 짊어진 예수가 로마 군사와 수많은 군중으로부터 희롱과 조롱당하다. 그러나 그들을 용서하시는 예수님이시다. 내 안을 가득 채운 이 미움들은 다 무엇인가.
세 번째 지점, 예수 처음으로 쓰러지다. 이미 모진 채찍질을 당한 몸으로 어찌 골고다 언덕에 이를 것인가.
네 번째 지점, 예수가 그의 어머니 마리아를 만나다. 어머니……. 이 슬픔을 어찌 설명할 수 있으랴.
다섯 번째 지점, 시몬이 예수의 십자가를 대신 짊어지다. 피로 물든 십자가를 외면하지 않은 사람이여! 그리고 종려나무를 흔들며 예수님을 반겼던 이들은 모두 어디로 갔는가.
여섯 번째 지점, 베로니카 여인이 자신의 물수건으로 예수의 얼굴을 닦아 주다. 나는 과연 주님께 무엇을 드렸던가.
일곱 번째 지점, 예수 두 번째 쓰러지다. 머리를 짓누르는 가시관과 힘에 부치는 십자가여!

여덟 번째 지점, 예수 말씀하시다. "예루살렘의 딸들아, 나를 위하여 울지 말고 너희와 너희 자녀를 위하여 울라(눅 23:28)." 하나님의 뜻을 온전히 따르는 저 거룩함이여!

아홉 번째 지점, 예수 세 번째 쓰러지시다. 점점 소진해져 가는 기력이여!

열 번째 지점, 로마 군사들이 예수의 옷을 벗기다. 어머니 마리아와 그를 따르는 사람들은 차라리 제 눈이 멀기를 소원하리라.

열한 번째 지점, 예수 십자가에 못 박히시다. 내 손바닥에서도 피가 흐르다.

열두 번째 지점, 예수 십자가 위에서 죽다. 비로소 당신의 아버지 하나님의 품에 안기다.

열세 번째 지점, 예수의 제자 아리마대 요셉이 십자가에서 예수의 시신을 내려놓다. 예수님의 시신을 바라보는 로마 군사와 그를 이단자로 몰아넣은 사람들이여, 지금 이 순간 무엇을 생각하는가.

열네 번째 지점, 아리마대 요셉이 자기의 무덤에 예수를 장사 지내다. 빌라도를 찾아가 예수의 시신을 내 달라 청하는 이여, 복되도다.

아주 오랜 시간을 걸은 듯한데, 실제 걸은 거리는 800미터 남짓. 그러나 온갖 조롱과 야유를 받으며 걸어야 했던 예수님에게 이 거리는 너무도 멀고 힘든 길이었을 것이다. 그 길 위에서 십자가에 못 박혀 죽음에 이르기까지 인간의 모습으로 지낸 예수님의 마지막 시간을 어찌 헤아릴 수 있으랴.

우리의 허물과 죗값을 치른 온전하신 주. 죽은 자 가운데 부활하시어 하나님의 아들임을 증거 하신 주. 그리고 영원한 진리의 주.

매주 금요일 오후 4시(10~3월은 오후 3시, 4~9월은 오후 4시) 각 지점의 기념교회들이 문을 열어 놓은 가운데 십자가의 길이 재현된다. 가톨릭 의식으로 치르지만 그 시간만큼은 예수님의 위대한 사랑을 생각하며 같은 마음으로 걷는다. 인종과 종교를 초월한 그 모습에 경계가 없어 아름답다. 눈시울이 뜨거워진다.

아랍인 장사꾼들이 가게 문을 열지 않은 이른 아침, 비아 돌로로사를 다시 찾는다. 그리고 그 길에서 우리의 죄를 대속해서 십자가를 지고 맨발로 걸으시는 서른셋의 젊은 예수님을 만난다. 예수를 죽이라는 사람들과 채찍에 맞아 핏빛으로 물드는 예수님의 육신을 바라보며 눈물 흘리는 사람들. 그 얽히고설킨 아우성이 들리는 듯하다. 2천 년이 흐른 지금까지도 우리 마음속에서 온전히 살아계시는 이여. 잠깐 흘리는 참회의 눈물로 어찌 당신의 고통을 헤아리리까.

비아 돌로로사 마지막 성소인 성묘교회 2층에 있는 예수의 십자가.
이를 본 성지순례자들은 그 자리에서 눈물과 함께 기도를 올린다.

눈물 마를 날이 없어라,
통곡의 벽

비아 돌로로사가 기독교인들에게 가장 성스러운 성지이자 기도터라면 통곡의 벽 Wailing Wall 은 유대인들의 가장 성스러운 성지이자 기도터다. 모슬렘이 평생에 꼭 한 번 메카순례를 종교적 의무로 여기는 것처럼, 유대인에게는 통곡의 벽이 그러하다. '하나님의 임재는 통곡의 벽을 떠나지 않는다'는 굳은 믿음 때문이다.

통곡의 벽과 마주 서서 저마다 가슴에 품고 온 이야기를 풀어놓는 유대인들. 그들의 기도 모습은 한마디로 곡진하기까지 하다. 검은색 정장을 정갈하게 차려입고 키파 Kipah, 유대인 남자들이 쓰는 모자를 쓴 종교 유대인들은 세상의 모든 것을 차단한 듯 보인다. 그 어떤 주변의 소리에도 귀 기울임 없이 벽을 붙잡고 몸을 앞뒤로 흔들며 운다.

소원이 적힌 기도편지도 돌 틈마다 애절하게 빈틈없이 꽂혀 있다. 최근 '예루살렘 성 서쪽 벽 틈새에 당신의 기도문을 끼워 드린다'는 인터넷 사이트까지 개설된 것을 보면, 앞으로 더 많은 사연이 통곡의 벽에 깃들 것이다.

로마제국에 의해 나라를 잃고 전 세계로 흩어져 살던 유대인들은 일 년에 딱 하루 유월절에 예루살렘을 방문할 수 있었다고 한다. 헤롯대

왕이 솔로몬 성전 자리에 자신의 성을 지었는데, 로마에 의해 파괴되고 유일하게 서쪽 성벽만 남았다. 그날이 바로 성전이 파괴된 날이고, 하도 슬피 울어 '통곡의 벽'이 되었다. 솔로몬왕이 성전을 세워 바칠 때 하나님께서 기뻐하셨으니 이보다 더 큰 의미가 있는 기도 장소가 어디 있으랴.

"통곡의 벽에 가시거든 위를 보세요. 위로 올라갈수록 돌의 크기와 색이 다를 테니까요. 로마 시대와 터키 시대에 덧쌓였기 때문이지요."

다큐멘터리를 기획할 당시 프로그램 전반에 걸쳐 조언해준, 성서고고학을 연구하는 임미영 박사가 미리 말해 주지 않았다면 그 덧쌓은 자리를 미처 보지 못했을 것이다. 돌 하나하나마다 질곡의 역사가 숨 쉬는 통곡의 벽은 과거의 장엄하고 아름다웠던 시절을 어찌 기억하고 있을까.

통곡의 벽에서는 기도뿐만 아니라 유대인들의 중요한 의식도 치러진다. 유대인 남자 아이들의 성년식 바르 미쯔바$^{Bar\ Mitzvah}$를 촬영하기 위해 일부러 날짜를 맞춰 간 날 탈리트$^{Talit,\ 하나님께서\ 창조하신\ 세상을\ 상징하는\ 사각형의\ 기도숄}$를 어깨에 두르고 유대교의 율법인 토라^{Torah}를 읽는 모습이 보였다. 아이들은 이 순간을 위해 일 년 이상을 준비해 왔다고 한다. 그리고 성년식이 끝나고는 평생 추억으로 간직할 사진을 위해 즐겁게 기념 촬영을 했다.

오늘 성년식을 한 아이들에게 통곡의 벽은 어쩌면 성전의 상실을 슬퍼하며 재건을 바라거나 아픔을 나누는 곳이 더는 아닐지도 모른다. 흐르

통곡의 벽과 마주 서서 저마다 가슴에 품고 온
이야기를 풀어놓는 유대인들. 그들의 기도 모습은 한마디로 곡진하기까지 하다.

는 세월은 무언가를 바꿔 놓거나 그 의미를 달리하게 하니 말이다.

군인들의 선서식과 민족 집회도 대개 통곡의 벽에서 열린다. 그렇지 않은 날에도 총을 멘 군인들의 모습을 볼 수 있는데, 말을 걸어보면 민족의식이 매우 높은 것이 느껴진다. 그래서 통곡의 벽 풍경은 삼엄하다 못해 살벌하기까지 하다.

예루살렘에서 군인을 보는 일은 아주 흔한 풍경인데 그들은 늘 실탄을 장착한 중무장 상태다. 예루살렘이 종교적, 정치적으로 중요한 도시인만큼 테러의 온상이 되기 때문이다. 취재 당시에도 백화점에서 테러가 있었다는 소식을 뉴스를 통해 접했는데 그 테러를 제압한 것도 휴가 나온 군인들이었다.

구 예루살렘에서 머물고 싶어 성 안 호텔에 여정을 풀어놓은 밤, 성을 순찰하는 군인들에게 넌지시 말을 붙인다. 다소 무표정하고 철통같은 군인들이 처음에는 무섭기도 했으나 경계를 풀고 다가서니 너무도 여리고 순진한 젊은이들이다.

군인들은 한국에서 왔다는 말을 듣고는 '지성 팍'을 안다며 매우 반가워한다. 여기서도 박지성을 알다니……. 그 중 한 군인이 한국에 가보는 것이 꿈이라는 말에 순간 가슴이 뭉클해진다.

힘든 국경 통과 과정을 몇 차례 거치면서, 또 이스라엘이 일방적으로 팔레스타인의 땅을 차지하면서 빚어진 분쟁을 보면서 군인들에 대한 선입견이 좋지 않았던 것이 사실이다. 그러나 그러한 선입견을 걷어내고 만난 군인들은 따뜻한 심성과 아름다운 꿈을 지닌 파릇한 청춘들이었다. 이 땅의 청춘들은 언제쯤이나 팔레스타인에 대한 반목 없이 젊음의 자유를 누릴 수 있을까.

 숙소로 돌아온 늦은 밤, 예수님의 땅에서 벌어지는 양보 없는 분쟁이 끝날 수 있도록, 그리하여 젊은 군인들의 어깨 위에 무거운 총 대신 아름답게 펼쳐지는 꿈의 나래들이 사뿐히 내려앉기를 기도한다.

정복자의 권리, 바위사원

예루살렘은 기독교뿐만 아니라 유대교와 이슬람교의 성지이기도 하다. 질곡의 역사를 거쳐 오면서 대부분의 성전이 그 위에 덧씌워지고 또 덧씌워졌기 때문이다. 그러나 많은 성지 순례자들이 이러한 역사적 사실을 간과하고 오는 경우가 대부분이어서 막상 현지에 이르면 몹시 의아해하기도 한다. 예루살렘에서 가장 의미 있는 예루살렘 성 안에 있는 황금돔, 즉 '바위사원'도 그 대표적인 예다.

이슬람 사원인 바위사원Dome of the Rock은 솔로몬의 성전이 지어졌던 곳이다. 모슬렘은 예언자 마호메트Mahomet,무함마드가 이곳에서 승천했다고 이곳에 사원을 세웠다. 성서 속 '모리아산'도 이곳으로 추측한다. 솔로몬의 흔적도 예수님의 흔적도 없는 성전과 황금색 이슬람사원을 보노라면 마음 한구석이 씁쓸해지는 것은 왜일까.

솔로몬이 예루살렘 모리아 산에 여호와의 전 건축하기를 시작하니 그 곳은 전에 여호와께서 그 아버지 다윗에게 나타나신 곳이요 여부스 사람 오르난의 타작 마당에 다윗이 정한 곳이라 솔로몬이 왕위에 오른 지 넷째 해 둘째 달 둘째 날 건축을 시작하였더라(대하 3:1~2).

메카Mecca, 메디나Medina와 함께 이슬람 3대 성지로 꼽히는 바위사원은 '황금사원'으로 더 유명하다. 종교분쟁이 있을 때마다 그 중심에 있었던 까닭에 파괴와 재건이 수차례 반복되어 온 곳이다.

모슬렘이 아니면 출입도 어렵고 시간도 제한되어 있다. 때문에 1차 촬영 허가를 받고서도 실질적인 촬영을 하기까지 현지에서 며칠을 기다려야 했다. 그와 같은 복잡한 과정을 통해 들어간 바위사원의 내부는 화려하고 웅장하며 건축학적으로도 매우 뛰어나 보인다. 이슬람 문양의 타일도 매우 독특하다. 대리석 기둥은 일관되지 않고 너무 각양각색이어서 첨예한 종교적 대립이 어떻게 이어져 왔는지를 짐작게 한다.

"당시 역사를 살펴보면 이해가 불가한 것도 아니죠. 그것은 당시 정복자의 권리였으니까요. 만약에 이스라엘이 지금의 힘으로 바위사원을 헐어내고 솔로몬 성전을 복원한다고 하면 그것 역시 또 다른 비극의 시작일 뿐이지요."

바위사원 인근의 작은 카페. 시원한 수박주스를 마시며 현지 코디네이터 박대진 씨가 한 말이다. 예루살렘에서 고등학교를 다닌 그는 누구보다 그 비극의 시작을 염려하는 사람 중의 하나다.

"2000년도였나요. 이스라엘의 아리엘 샤론 총리가 알악사사원Al-Aqsa Mosque, 바위사원과 더불어 성전산에 위치한 사원과 더불어 성전산에 위치한 바위사원을 찾았을 때 반발이 극에 달했었지요. 이슬람인은 이스라엘 총리가 자신들의 신성한 곳을 밟는다는 것이 모욕이라고 생각했을 테니까요. 그러고 보면 성전 위에 세워진 바위사원과 알악사사원은 종교분쟁이 있을 충분한 이유가 되는 듯해요. 이젠 정말 세계의 화약고, 중동전쟁의 본거지가 이곳이라는 것이 실감이 나네요."

예루살렘 성에서의 저녁, 어둑해진 창밖을 내다보는 일행들의 표정이 착잡하다. 복음이 시작된 곳에 복음이 없음을 확인하는 일도 착잡하고, 오랜 역사로부터 출발한 종교분쟁도 착잡하고, 총으로 자신들의 영역을 지킬 수밖에 없는 현실도 착잡하다.

'땅끝까지 이르러 내 증인이 되리라.' 예수님의 말씀하신 그 땅끝이 혹시 이곳은 아닐까. 그 말씀은 또한 혼란스러울 때 구원을 위해 더 바짝 깨어 있으라는 뜻일 것이다. 우리의 기도가 그 어느 때보다도 필요한 때인 듯하다.

솔로몬 성전이 지어졌던 자리에 세워진 바위사원은
황금돔으로 그 유명세를 더하면서 예루살렘의 상징이 되었다.

신화에서 실존이 된
다윗왕을 증명하는 성서고고학

다큐멘터리를 기획하면서 가장 고민했던 것 중의 하나가 이스라엘의 흥망성쇠를 어떻게 보여줄 것인가였다. 고민 끝에 유대인을 대표하는 세 명의 왕을 조명해 보자는데 결론이 모아졌다. 그 세 명의 왕은 다윗왕, 솔로몬왕, 히스기야왕으로 가장 앞선 세대를 산 다윗왕이 첫 번째 대상이 되었다.

이스라엘 역사상 가장 위대한 왕이며, 자신의 잘못을 회개하고 믿음으로 굳건히 선 다윗David왕. 그러나 그에 대한 흔적이 이스라엘 역사에 단 한 줄도 남아 있지 않다는 것을 아는 사람들은 많지 않다. 다윗왕은 오로지 성서 속에서만 존재해 왔다. 다큐멘터리를 제작하는 동안 이 부분이 가장 큰 문제였다. 다윗왕의 흔적이 없다니······.

구약 시대의 유대교는 우상 숭배를 철저히 금했기에 신의 모습을 표현하는 것조차 허락되지 않았다. 그 때문에 왕의 모습을 그리거나 조각하는 것은 불가능한 일이었다. 더구나 기원전 586년 바빌론 유수 당시 도시 전체가 불태워져 그 흔적을 찾아보기란 더욱 어렵다. 이러한 이유로 고고학계에서는 다윗왕과 솔로몬왕의 실존 여부에 대해 매우 부정적인 견해를 보이기도 했었다. 그렇다면 다윗왕의 역사성을 증명할 방법은 그 어디에도 없는 것일까.

그런데 놀랍게도 1993년 다윗 왕조와 관련된 귀중한 유물이 텔 단 Tell Dan에서 발굴되었다. '하자엘왕 승전기념비'가 바로 그것으로 기원전 835년경 앗수르Assur, 앗시리아의 전쟁에서 승리한 내용이 적혀 있다. 기원전 9세기 고대 시리아의 아람 왕국 하자엘왕은 여러 차례 이스라엘을 침략했는데, 이는 이스라엘박물관에 있는 유물에도 기록되어 있다.

유물에는 아람어로 쓰인 하자엘왕 승전기념비에서 고고학자들은 매우 중요한 구절인 '다윗의 집'이란 단어를 발견했다. '다윗의 집'은 곧 다윗 왕조를 뜻하는 것으로, 다윗왕이 신화가 아닌 실존이었음을 증명한다.

"이를 통해 알 수 있는 것은 다윗왕이 단지 성서에만 등장하는 것이 아니라 실제로 당시 이웃 국가들에 매우 잘 알려진 존재였다는 것입니다. 따라서 이 비문은 성서에 쓰인 대로 다윗왕과 다윗 왕조의 역사성을 강력하게 뒷받침하는 증거인 셈이지요."

이스라엘 히브리대학교 아미하이 마자르 교수는 이렇듯 성서의 기록이 역사에 증명되는 증거가 또 있다고 했다. 예루살렘 남서쪽으로 한 시간 거리에 있는 라기스Lakhish에서 발굴 작업 당시 발견된 '산헤립 부조'가 그것이다.

앗수르의 왕 산헤립의 부조에는 하자엘왕보다 조금 더 뒤인 기원전 701년, 앗수르군이 남유다 왕국을 공격하는 모습이 담겨져 있다. 그리고 라기스 성을 공격하는 앗수르군, 포로가 되어서 끌려가는 이스라엘 백성, 왕에게 은 300달란트와 금 30달란트를 바치는 모습 등이 아주 상세히 묘사되어 있다. 조공을 받는 왕이 바로 산헤립이다. 그 내용

다윗왕 무덤터로 가는 길목에서 만난 사람들.

을 성서의 구절과 비교해 보면 성서가 얼마나 구체적으로 당시 사건들을 그려냈는지 아주 놀랄 정도다.

히스기야 왕 제십사년에 앗수르의 왕 산헤립이 올라와서 유다 모든 견고한 성읍들을 쳐서 점령하매. 유다의 왕 히스기야가 라기스로 사람을 보내어 앗수르 왕에게 이르되 내가 범죄하였나이다. 나를 떠나 돌아가소서, 왕이 내게 지우시는 것을 내가 당하리이다 하였더니 앗수르 왕이 곧 은 삼백 달란트와 금 삼십 달란트를 정하여 유다 왕 히스기야에게 내게 한지라(왕하 18:13~14).

성서 속에서만 존재하던 다윗왕의 흔적이 사실로 드러난 것은, 곧 성서가 살아있는 역사의 기록이라는 것을 말해 준다. 그리고 진실이 논리적으로 증명되는 증거이기도 하다.

좀처럼 확인할 길 없는 역사적 내용이 사실 확인으로 드러났을 때 사람들은 흥분한다. 또 그 사실이 성서와 관련이 깊을 때는 기독교인들에게 축복이 아닐 수 없다. 그러나 역사적 사실이, 성서의 신비가 벗겨지든 안 벗겨지든 그것은 그리 중요하지 않다. 믿음은 결국 내 안에 있는 것이기 때문이다.

컴퓨터그래픽으로 재현한
솔로몬왕의 화려한 성전, 하솔

갈릴리호수 북쪽 16킬로미터 구불구불한 언덕에 자리한 하솔Hazor. 터만 황량하게 남은 이곳이 바로 다윗왕의 아들 솔로몬왕의 화려했던 유적지다. 하솔은 성서뿐 아니라 고대 이집트 역사에서도 언급되어 온 곳으로, 실제 고대 이집트 시대의 흔적과 솔로몬 시대의 유적들이 함께 발굴되어 열왕기상列王記上에 기록된 솔로몬왕의 도시임이 증명되었다.

솔로몬Solomon왕은 예루살렘뿐만 아니라 하솔, 므깃도Megiddo, 게셀Gesell 등에 성곽을 쌓고 도시들을 정비했다. 그리고 안으로는 군사력을 정비하고, 밖으로는 왕국의 위용을 만방에 과시했다.

성서에 기록된 솔로몬왕은 잘 알려져있다시피 위대한 건축가이기도 하다. 이 때문에 이스라엘 유적지에서 발견되는 많은 건축물이 솔로몬왕의 통치기에 세워진 것으로 추정되지만 확인된 것은 거의 없다. 그런데 고대 도시 하솔의 발굴로 솔로몬왕의 실체를 조금이나마 확인할 수 있게 된 것이다.

고고학자들은 하솔에서 거대한 성문이 있던 자리를 발견했다. 이 성

솔로몬 성전은 금 3천 톤, 은 3만 톤이
사용되었으며, 7년에 걸쳐 지어진
거대한 성전은 그 화려함과 위상이 대단했다

하솔은 솔로몬 시대 유적들이 발굴되면서
솔로몬왕의 도시임이 증명되었다.

문에는 양쪽으로 세 개씩 즉 총 여섯 개의 방이 있었는데, 이는 솔로몬 당시 이스라엘에서 성문을 짓던 방식과 동일하다. 각각의 방들은 성문이 열렸을 때 상거래나 백성의 활동이 이루어졌던 공간이다. 당시 성 안에서는 백성의 웃음소리가 연일 끊이지 않았을 만큼 태평성대를 구가했다. 솔로몬 성전은 금 3천 톤, 은 3만 톤이 사용되었으며, 7년에 걸쳐 지어진 거대한 성전은 그 화려함과 위상이 대단했다고 전해진다.

그러나 평생을 하나님께 순종했던 모세, 하나님의 축복을 받은 다윗 왕과 같이 지혜의 왕 솔로몬도 결국 하나님과의 약속을 어기는 우를 범했으니, 하나님의 언약을 온전히 지킨다는 것이 얼마나 어려운 지 다시 한 번 되새겨 볼 일이다.

예루살렘 어딘가에 묻혀 있을 것으로 생각되는 솔로몬 시대의 유물은 어쩌면 영원히 다시 찾을 수 없을지도 모른다. 하지만 적어도 성서 기록에 따라 그 모습을 새롭고 상세하게 재현해 낼 수는 있었다.

다큐멘터리 제작 때 어려운 상황 속에서 솔로몬 성전을 3D 컴퓨터그래픽으로 재현해 보고자 무척 애를 썼다. 한 달 이상 매달린 끝에 고증된 자료로만 솔로몬의 화려한 영광을 재현했을 때의 감개무량은 지금도 표현할 길이 없다.

제작 당시 솔로몬 성의 표면을 좀 더 자세하게 표현하기 위해 우리는 맵핑작업에 노력을 기울였다. 그 결과 솔로몬 성에 쓰여졌던 돌의 질감을 생생하게 그려낼 수 있었다. 또한 거의 남아 있지 않은 역사를 조금이라도 진실에 가깝게 다가서고자 성서고고학자들을 많이 괴롭혀 드리기도 했었다.

공들인 시간에 비해 1분의 결과물은 너무도 짧았지만 매우 새롭고 의미 있는 작업이었다. 그럼에도 좀 더 세밀하게 작업하지 못한 아쉬움은 아직도 마음 한구석에 남아 있다.

완성된 다큐멘터리를 통해 본 영광의 왕조들은 하나님과 함께 했기에 지혜로웠고, 하나님을 의지하며 담대했다. 그리고 영광의 왕조가 남긴 유산은 찬란한 궁전보다도 더 귀한 것이었다. 그것은 바로 수천 년 동안 성서를 통해 전해진 그들의 믿음 그 자체인 까닭이다.

믿음의 왕, 히스기야

남유다의 역사상 가장 위대한 왕으로 알려진 히스기야왕은 오늘날까지 믿음의 왕으로 추대되고 있다. 지혜와 군사 전략으로 위기에 처한 나라를 살렸고, 과감한 종교개혁으로 하나님의 말씀을 지켰다. 솔로몬왕 당시 하나님의 제단에 이교도의 제단을 나란히 설치한 것을 모두 부숴버림으로써 우상숭배를 없애고 하나님에 대한 믿음을 되찾은 것이다.

이스라엘 남부, 사해 서쪽에 있는 텔 아랏Tel Arad. 브엘세바를 통해 가는 길은 고지대의 비포장도로다. 한참을 달리고 난 뒤에야 비로소 아랏이라는 표지가 보인다.

이곳에는 히스기야Hezekiah가 종교개혁을 할 당시의 흔적을 볼 수 있는 신전이 있다. 신전의 내부는 재물을 죽이는 장소, 준비하는 장소, 바치는 장소가 있는데, 전형적인 유대 신전의 양식을 따르고 있다. 이 유물의 원본은 현재 이스라엘국립박물관에 소장되어 있다.

히스기야왕의 흔적을 찾아보는 데 큰 도움을 준 것은 현지 코디네이터인 대진 씨와 선교 사역을 하고 있는 채 전도사와 강 전도사다. 그분들 덕분에 일반인에게 문을 열지 않는 날 여유롭고 편안하게 촬영할 수 있었음은 하나님이 예비하신 축복의 시간이나 다름없었다. 이번에도 이스라엘 히브리대학교 아미하이 마자르 교수가 도움을 주었다.

"당시에는 이스라엘의 신인 야훼뿐만 아니라 성서에서도 자주 언급되는 가나안 지역의 토착 신인 바알Baal을 숭배했습니다. 여기 있는 것 중 큰 것은 야훼를 위한 제단, 작은 것은 바알을 위한 제단으로 여겨집니다."

지성소 내 번제단 위에는 발굴 당시 마지막 제물을 태운 흔적이 고스란히 남아 있다. 이곳은 제물을 불에 태워 하나님께 올리던 곳으로 솔로몬왕이 또 다른 우상을 섬기면서 하나 더 만들어진 것이다. 그러나 히스기야왕은 그것을 척결하는 강력한 조치를 내리고 정치와 종교를 일원화했다.

앗수르 군대의 침공이 시작된 상황에서도 하나님께 모든 걸 의지하고 기도했던 히스기야왕. 하나님은 그의 기도를 들으시고 사자使者를 보내어 18만 5천 명의 적군을 물리쳐 주셨고, 그가 죽을병에 걸려 주님께 간절히 의지할 때 수명을 15년 동안이나 연장해 주셨다. 온전한 마음으로 섬기고 하나님의 말씀 안에서 나라를 다스린 데에 대한 하나님의 은혜였던 것이다.

역사의 주이신 하나님께 일관된 마음으로 기도한 히스기야왕이 그 응답을 들은 것처럼 모든 것을 내려놓고 기도한다면 분명히 하나님께서 응답하리라.

예수님이 맹인의 눈을 뜨게 한
실로암못은 현재 아랍인 소유의 건물 아래층에 있다.

히스기야 터널의 비밀,
기혼샘과 실로암못

     종교개혁을 통해 백성을 하나로 결집한 히스기야의 굳건한 믿음을 엿볼 수 있는 것 중의 또 하나가 히스기야 터널Hezekiah Tunnels이다.

"기원전 8세기 예루살렘에 있었던 히스기야는 앗수르의 공격에 직면해 있었습니다. 이 공격에 대비해 해야 할 일이 두 가지 있었습니다. 하나는 적의 공격을 막을 거대한 성을 쌓는 것이었고, 또 하나는 성 밖에 있는 샘물을 성 안으로 끌어들이는 것이었습니다."

  늘 있는 테러 위협으로 통제된 구 예루살렘 길을 뚫고 오느라 늦은 일행을 그러려니 하고 따뜻하게 맞아준 이스라엘 히브리대학교 도론 밴 아이 박사의 설명이다.
  히스기야 터널은 기혼샘을 시작으로 실로암못과 만나게 되어 있다. 기드론골짜기The Kidron Valley 서편의 '넘쳐흐르는 샘'이라는 뜻을 품은 기혼샘은 기원전 740년 바위를 파서 만든 샘이다.
  딱딱한 암반을 파들어가는 대공사 끝에 만들어진 S자의 히스기야 터널은 신기하게도 중간 지점에서 30센티미터 오차의 차이로 정확하게 만난다. 또한 기혼샘에서 흐르는 물이 실로암못을 향해 서서히 흘러들어 가기 위해 터널 바닥의 경사를 대단히 완만하게 만들었는데 이는 토목공학적으로 매우 놀랄 만한 것이었다.

당시 양쪽 굴을 판 인부들이 중간에서 만나 개통을 자축했다는 기록은 1880년대 실로암못 부근에서 놀던 아이들이 발견한 비문에 묘사되어 있다.

1.3미터쯤 남았을 때 반대편에서 상대방을 부르는 목소리가 들렸다. 터널이 뚫렸을 때 동료를 얼싸안고 도끼를 서로 부딪쳤다.

현재 이스탄불 고고학 박물관에 소장된, 2700년 전의 실로암 비문은 모두 200자이며, 그 중 177자만 보존되어 있다.

길이 533미터의 히스기야 터널은 높이가 2미터, 그 폭은 성인 남자 한 명이 겨우 지나갈 정도다. 때문에 건너편에서 누가 오면 한쪽으로 비켜서야 한다. 중간 중간 두 사람이 서로 비켜갈 수 있는 공간을 만들어 놓긴 했으나 이곳에서는 자연스럽게 알아서 배려를 해주게 된다.

터널을 통과하는 데 걸리는 시간은 약 30~40여 분. 그러나 터널을 완공하기 위해 수많은 남유다 백성들이 이 비좁은 터널 안에서 밤낮도 모른 채 절대절명의 심정으로 매달렸을 것이다. 강대한 적군으로부터 가족과 나라를 지키기 위해 오로지 하나님께 의지하며 믿음으로 기도하고 또 기도하며 이겨냈을 것이다.

지금으로부터 2,700년 전 예루살렘 땅에서 벌어진 이 큰 사건을 성서는 그저 담담하게 기록하고 있다.

이 히스기야가 또 기혼의 윗샘물을 막아 그 아래로부터 다윗 성 서쪽으로

곧게 끌어들였으니 히스기야가 그의 모든 일에 형통하였더라(대하 32:30).

길고 긴 터널을 빠져나와 만나는 실로암못은 예루살렘 성 아래 아랍인 마을의 개인 소유 건물 아래층에 있다. 기독교인들에게는 예수님이 맹인의 눈을 뜨게 한 기적의 샘이지만 마을 사람들에게는 그저 생계에 도움을 주는 관광지일 뿐이다. 관리도 매우 부실해 보였다. 반면 걸어서 2, 3분 거리의 다윗왕의 성터는 철저한 보호로 관리되고 있었다.

실로암못을 보고 나오니 어느새 늦은 오후. 길 안내를 해줬던 아이들은 모두 집으로 돌아갔는지 보이지 않고, 말없이 걷던 일행 중 하나가 혼잣말처럼 한마디 한다.

"이스라엘 백성은 도대체 어떻게 그 깊은 어둠을 뚫고 이곳까지 터널을 연결할 수 있었을까?"

기혼샘과 실로암못. 수천 년의 시간 동안 숱한 이야기와 역사를 품고 소통해온 두 샘은, 어쩌면 그 영광의 뒤편에 아직도 못다 한 이야기가 있을지도 모를 일이다.

04 Continue Israel
메시야의 자리

그 자리에 깃든 햇살은 보드랍고 따스하다.
바람은 물기 있으며 말씀은 말랑하다.
때론 좁고 소박한 곳에서,
또 때론 품이 큰 자연 속에서 느낀 온화함은
오늘 우리의 길을 편안케 했으니,
맑은 영혼의 자리와 마주한다는 것은 이토록 따스한 일.
퍽퍽한 가슴에 갈릴리호수의 쪽빛 물결이 밀려든다

메시야의 고향, 베들레헴

"주여 내게서 이 잔을 거두소서."
"아버지 뜻대로 하소서."

아, 이 얼마나 흔들림 없는 믿음의 표현이며 철저하게 인간의 아들로 내려오심에 대한 증거인가. 당신에게 닥쳐올 시련을 이미 알고 계셨던 예수님이 예루살렘 동쪽 감람산 기슭 겟세마네Gethsemane 동산에 올라 하나님께 드린 그날 밤을 어찌 헤아릴 수 있을까. 그리고 짧은 생애를 살다 가신 예수님의 삶은 죄 사함과 구원의 진리를 세상 곳곳에 스미도록 하셨으니, 33년의 기록 앞에서 어찌 눈물로 머리 조아리지 않을 수 있을까.

베들레헴Bethlehem의 한 허름한 여인숙 말구유에서 태어나시어 하나님의 구속사救贖史로 2천 년 전 반역을 도모한 중죄인의 처벌 도구였던 '십자가'를 거룩한 희생과 믿음의 상징으로 바꾸신 예수님, 메시야.
떨림으로 돌아보는 흔적의 자리마다 눈물겨워 한 걸음 한 걸음 옮겨감이 더디다.

베들레헴 에브라다야 유다 족속 중에 작을지라도 이스라엘을 다스릴 자가 네게서 내게로 나올 것이라 그의 근본은 상고에, 영원에 있으리라.(미 5:2).

예수님이 탄생하신 유대광야의 끝자락 베들레헴. 예루살렘에서 남쪽으로 불과 10여 킬로미터 떨어진 작은 도시로 감람나무가 많은 산언덕에 위치한다. 그러나 아랍 지구에 속해 있어 삼엄한 분위기가 감도는 분리장벽 검문을 피할 수가 없다.

까다로운 검문을 통과해서 베들레헴에 이르면 분리장벽 한쪽 벽으로 시선이 향한다. 벽에는 고통과 화해를 상징하는 그림이 있는데, 지금의 뼈아픈 역사의 현실을 말해 준다. 가는 길이 쉽지 않기도 하고 팔레스타인 사람들에 대한 좋지않은 편견 때문에 혹 위험하거나 사람들이 냉랭하지 않을까 싶지만 그것은 기우다. 베들레헴 사람들은 매우 따뜻하고 친절하다.

지명만으로도 은혜로운 베들레헴은 매년 성탄절이 되면 전 세계에서 몰려든 순례자들로 붐빈다. 그리고 한마음으로 예수님의 탄생을 축하하며 이 세상 모든 사람이 예수님의 고통을 되새기고 '사랑'으로 하나되기를 기도한다.

(좌) 베들레헴으로 가는 길.
(우) 베들레헴은 팔레스타인 지구(웨스트뱅크)라서
    삼엄한 분위기가 감도는 분리 장벽 검문을 피할 수가 없다.

고개 숙여 겸손의 문에 들지어다,
예수탄생교회

"멀리서 이곳 베들레헴까지 왔습니다. 부탁합니다."
"미안하지만 안 됩니다. 그리스정교회, 아르메니아정교회, 가톨릭 모두의 허가증이 없으면 촬영이 어렵습니다. 다음에 정식 절차를 거쳐 다시 오세요."

 취재를 하다 보면 '다음'이라는 말을 종종 듣는다. 사전 허락을 받지 않아서, 문 닫을 시간이라서, 더 좋은 촬영을 위해서 등등. 그러나 다큐멘터리를 기획하고 진행하는 프로듀서로서 다음이라는 말은 청천벽력과도 같다. 특히 해외 취재 때 이 같은 일이 생기면 앞이 다 노랗다. 제한된 일정과 빠듯한 제작비, 또 수시로 변하는 현지 상황을 극복하고 주어진 상황에서 온 힘을 다할 수밖에 없다. 한마디로 우리에게 '다음'은 없는 것이나 마찬가지다.
 어쩔 수 없이 포기하고 전경만 찍고 가야겠다 생각하고 있는데 그때 마침 약속이라도 한 듯 동양인으로 보이는 한 사람이 자동차를 타고 지나가다 큰 소리로 인사를 한다. 베들레헴에서 선교사역을 하고 있는 강 선교사다.

세상의 가장 낮은 곳에서 오신 예수 그리스도를 기념해 세운 예수탄생교회는 생각보다 크고 웅장하며, 내부 역시 관리가 잘 되어 있었다.

강 선교사는 베들레헴에서 오랫동안 사역을 해온 분으로 지역 유지나 다름없다. 갑자기 나타난 강 선교사와의 만남은 마치 하나님께서 우리를 위해 준비해 놓으신 기적 같았다. 그러나 그 기대는 한순간에 무너지고 말았다.

강 선교사가 촬영 허가를 아무리 부탁해도 돌아오는 대답은 역시나 'No'였다. 강 선교사는 자신이 도움되지 못한 것에 무척 미안해 했지만, 덕분에 막막했던 팔레스타인 난민촌을 촬영할 수 있었으니 그나마 고마운 일이 아닐 수 없다.

이튿날 아침 일찍부터 서둘러 그리스정교회, 아르메니아정교회, 가톨릭으로부터 정식으로 촬영 허가증을 받으면서 예수탄생교회 The Church of the Nativity 가 얼마나 중요한 성지인지를 새삼 다시 느낄 수 있었다. 세 교회가 각자의 소유권을 주장할 정도이니 말이다.

십자군 시대의 예배당 모양을 보존하여 수리했다는 예수탄생교회는 생각보다 크고 웅장하다. 가장 낮은 곳에 가장 비천한 모습으로 오신 예수님의 흔적이 깃든 곳이라고 하기에는 그 규모가 과하지 않나 싶을 정도다. 아마도 교회가 가장 번성하던 중세 때 지어진 까닭인 듯하다. 그렇게 이해하면서도 낮은 자리 낮은 모습이었다면 더 좋았을 텐데 라는 아쉬움이 영 걷어지지 않는다.

예수탄생교회는 예수님이 태어난 동굴 위에 지어졌으니 세계에서 가장 오래된 교회 중 하나일 텐데도 관리가 비교적 잘 되어 있어 보였다. 여러 차례 파괴된 것을 고려하면 재건을 위해 얼마나 많은 수고를 쏟아 부었는지 짐작되고도 남았다.

"예수탄생교회에서 순례자들이 크게 놀라는 것이 두 가지 있습니다. 예수님이 태어나신 '마구간'을 생각하고 왔다가 너무나 크고 웅장한 건물에 놀라고, 또 하나는 사람 하나가 고개 숙여 겨우 들어갈 수 있는 작은 입구에 놀랍니다."

답사부터 다큐멘터리 제작까지 많은 도움을 준 현지 성지연구소 소장 정 목사의 말이다. 정 목사는 우리가 처음 예수탄생교회를 방문했을 때 가장 먼저 고개를 숙여야만 들어갈 수 있는 작은 문의 이름이 '겸손의 문'임을 알려주었었다. 그리고 '겸손의 문' 입구에는 다음과 같은 글귀가 씌어 있었다.

'예수님께 경건함을 다함.'

"성묘교회처럼 콘스탄티누스 황제의 모친 헬레나가 새로 건물을 지은 덕분에 이렇게 커진 것입니다. '겸손의 문'이라고도 불리는 저 입구는 12세기 십자군의 작품입니다. 원래는 약탈을 방지하기 위해서 말을 타고 문을 통과하지 못하도록 막는 한편 왕이든 귀족이든 누구나 예수님 앞에서 머리를 숙이도록 하기 위해서였습니다. 그 덕분에 '겸손의 문'이 된 거지요. 또 다른 말로는 '좁은 문'이라고도 합니다."

큰 건물 입구가 마치 좁은 동굴 입구 같아 보여서 이상하다고 생각했는데 그 이유가 참 재미있고 소박하다. 그래도 그 오랜 세월동안 아무도 문을 크게 키울 생각을 하지 않고, 전통에 순응해왔다는 것도 꽤 의미 있어 보인다.

"하나님보다 물질에 더 집착하는 교인들과 겸손을 잊고 살아가는 사람들이 한번쯤 이 문을 통과해봤으면 좋겠네요."

정 목사는 간혹 있는 '이벤트성' 단기 기획선교 때문에 현지 사역에 곤란한 적이 있다고 한다.

"가끔 제게도 도와달라거나 현지 사정을 알려달라는 연락이 오는데 난감한 경우가 더러 있습니다. 선교의 본 취지는 매우 좋으나 지속적이지 못한 단기선교는 부작용이 따르기 때문이지요. 그럴 때는 오랫동안 공들여 쌓아온 선교가 타격을 입기도 합니다."

선교가 국가적으로 금지된 나라에서의 선교는 당연히 조심스러워야 한다. 그래서 대다수 선교사는 선교사라는 본직 이외에 또 다른 직업을 갖고 수년씩 공들이며 이웃 사람들부터 하나하나 선교해 나간다. 때문에 복음을 전하는 수단과 방법을 결정하는 일은 언제나 딜레마고 숙제다.

복음의 직접적인 전파보다 먼저 앞서야 할 것이 '신뢰'와 '믿음'이다. 그것을 놓치고 적극적인 선교를 벌이다 보면 배타적인 유대인과 아랍인들이 곱게 볼 리가 없다. 이러한 선교방법 때문에 현지 선교사의 신원이 발각되어 어려움을 당하는 일도 있다고 한다. 그러한 맥락에서 선교가 금지된 나라에서는 좀 더 지혜로운 복음 전달 방법이 필요하다.

"또 하나 큰 문제는 이단들이 물량공세를 앞세워 잘못된 복음을 전한다는 것입니다. 현지 사람들은 쉽게 이단을 구분해 내기가 어려워요.

막상 알았다고 해도 선교 사업을 막을 방법이 없습니다. 실제로 어떤 지역에서는 이단 교파가 정통 기독교처럼 일정한 자리를 잡고 지속적인 선교를 하는 예도 있습니다."

정 목사는 선교활동을 하면서 어려움에 부딪힐 때면 골방에 조용히 앉아 기도한다고 한다. 우리 죄를 대속해 십자가 지심으로 위대한 사랑을 실천하신 예수님의 마음을 되새기면 새로운 용기가 생긴다고 한다. 그것은 곧 예수님께서 우리에게 전하는 메시지이며, 고난이 함정이 되지 않도록 늘 무장하라는 뜻인 까닭이다. 예수님과 같이 낮은 마음으로 '겸손의 문'을 나와 조금 떨어진 곳에서 예수탄생교회를 바라보니 이 고단한 땅에 메시야로 와 주신 예수님이 서 계신 듯하다.

그리고 예수탄생교회에서 그리 멀지 않은 곳에 목자들의 들판교회 The Shepherd's Field Chapel가 있다. 2천 년 전 천사들이 예수님의 탄생을 알리기 위해 들판의 양 치는 목자들에게 나타난 자리 위에 세워진 교회이다.

그 지역에 목자들이 밤에 밖에서 자기 양떼를 지키더니 주의 사자가 곁에 서고 주의 영광이 그들을 두루 비추매 크게 무서워하는지라(눅 2:8~9).

이름처럼 들판이 풍경으로 자리하는 교회는 당시 유목민의 천막 모양을 띠고 있다. 그리고 첨탑 끝 십자가 위에 걸린 예쁜 별 하나가 세속에 길들여진 마음을 정화해 준다. 천연 동굴 마굿간 벽화인 마리아 품에 안긴 아기예수님 위로 찬란한 빛이 쏟아져 내린다.

순례자들은 아담하고 온화한 기도처소에서 예배를 볼 수도 있다. 그러나 문 여는 시간이 길지 않아 자칫 문밖에서 서성이다 돌아가기도 한다고 한다.

여느 성지들처럼 이곳 역시 추측으로 성지의 의미를 전해 주지만, 성탄절이 되면 베들레헴을 찾은 세계의 수많은 순례자들 덕분에 아름다운 밤을 밝힌다. 그리고 아기예수님은 순례자들의 가슴 속에서 또 한 번 축복의 이름으로 탄생한다.

아담하고 온화한
목자들의 들판교회 기도처소.

예수탄생교회 전경. 좌측 아래에 보이는 문이 바로 고개를 숙여야만 들어갈 수 있는 '겸손의 문'이다.

요셉과 마리아의 고향, 나사렛

요셉과 마리아의 고향, 헤롯대왕의 박해를 피해 이집트로 피난 갔던 예수님이 아버지 요셉과 어머니 마리아와 함께 돌아와 머문 나사렛. 그래서 사람들은 예수님을 '나사렛 예수'라고 부른다. 예수님은 나사렛에서 30년을 어려운 이웃들과 함께 하셨다.

예루살렘 북쪽에서 91킬로미터 떨어진 나사렛Nazareth은 주위 언덕들에 둘러싸여 있는데 주민 대부분이 아랍계고 그 중 절반이 아랍계 기독교인이다. 조용하고 한적한 시골 마을로 생각하기 쉽지만 실제 와보면 현대적인 중소 도시의 느낌이 강하다. 또 모스크와 아잔Adhan, 모슬렘의 기도시간을 알리는 소리을 듣고 나면 나사렛이 아랍의 땅이라는 것을 실감하게 된다. 그러나 사람들은 그와 상관없이 늘 기억하고 언젠가 꼭 한 번 가보고 싶은 성지로 나사렛을 꼽는다.

관광지라는 특색 때문인지 나사렛의 사람들은 매우 친절하다. 수태고지교회의 전경을 찍기 위해 전망 좋은 집을 찾던 중 만난 사람도 예외는 아니었다. 일행이 문을 두드렸을 때 주인은 친절하게 맞아주며 옥상에서의 촬영을 허락한 것은 물론 고맙게도 자신의 집에 초대해서는 시원한 음료수와 과일을 내왔다. 집의 내부가 크고 좋은 것으로 보아 사는 형편이 꽤 부유한 듯 보였다.

  나사렛에는 수태고지교회 이외에도 요셉교회, 성 가브리엘교회, 마리아의 우물 등 관련 교회와 유적들이 많은데 이곳의 주민들이 비교적 여유 있게 사는 이유다.

나사렛에서 방문한 한 아랍인의 집.
외국인을 구경하기 위해 찾아온 이웃집 아이들이
카메라 셔터를 누르자 쑥스러운 미소를 지었다.

여러 번의 붕괴와 재건축을 거친 수태고지교회는
마리아가 가브리엘 천사로부터 예수님의 수태를 예고받은 자리에 세워졌다.

마리아의 자리, 수태고지교회

동정녀 마리아가 가브리엘 천사로부터 예수님의 수태를 예고 받은 자리에 세워진 수태고지교회. 마리아의 생가로 알려진 움집에서 가까운 동굴 위에 2층으로 세워진 수태고지교회 Church of the Annunciation를 찾는 일은 그리 어렵지 않다. 언덕 위 깔때기 모양의 회색 지붕만 찾으면 되기 때문이다.

이스라엘에서 가장 큰 교회로 알려진 수태고지교회는 여러 번의 붕괴와 재건축을 거쳤다. 현재의 교회는 이탈리아의 유명한 건축가 지오반니 무치오 Giovanni Muzio가 설계해서 10여 년 만인 1969년에 완성했다.

재건된 건축의 공통점이 그렇듯 마리아 수태고지교회 역시 크고 웅장하다. 마리아의 생가라는 것이 무색할 정도다. 때로는 지나친 외형의 치중이 보는 이로 하여금 반감을 갖게 하는데, 안타깝게도 이곳이 그렇다.

수태고지교회에서는 수많은 가톨릭 신자들이 마리아의 집으로 알려진 동굴을 향해 무릎 꿇고 기도하는 모습을 흔히 볼 수 있다. 그곳 천정에는 마리아를 상징하는 한 송이 백합이 동굴을 감싸는 듯 보이는데 너무도 아름다워 눈을 뗄 수가 없을 정도다.

또 하나 눈길을 끄는 것은 한복 입은 마리아와 색동저고리를 입은 아기 예수님 그림이다. 그림 맨 하단에 '평화의 모후여 하례하나이다'라는 한글이 새겨져 있어 한국인 순례단의 발길을 오래 멈추게 한다고 한다. 그 옆으로는 각 나라에서 보내온 마리아와 아기예수님의 그림이 죽 걸려 있는데 모두 그 나라의 전통의상과 피부색을 표현하고 있다. 그것은 곧 예수님의 복음이 모든 나라와 민족에 전파되기를 소망하는 의미가 담겨져 있음을 말한다.

수태고지교회는 해발 375미터의 고지대라 주변 풍경이 한눈에 잡힌다. 카르멜산 Carmel Mt., 갈멜산과 타보르산 Tabor Mt., 다볼산은 물론 드넓은 이스르엘 Jezreel 평야도 보인다. 그리고 예수님을 향한 어머니 마리아의 깊은 사랑이 폭 넓은 주름치마처럼 펼쳐져 있다.

마리아가 느꼈을 인간적 고뇌와 예수님의 육체적 어머니로서 감당해야 했던 고충은 참으로 컸을 것이다. 고향 나사렛 사람들이 오히려 예수님을 배척하고, 설교가 귀에 거슬린다는 이유로 언덕으로 끌고 가 떨어뜨리려고까지 했으니 그때마다 얼마나 가슴을 쓸어내려야 하셨을까. 또 십자가에 못 박히신 예수님을 눈 앞에서 지켜보아야 했던 심정을 인간적인 마음으로 어떻게 헤아릴 수 있을까.

그럼에도 생이 다할 때까지 하나님께 순종한 마리아의 삶은 복되다 할 것이다. 하나님의 은총이 늘 함께 하셨음이다. 우리 역시 그와 같은 순종과 믿음으로 하나님의 거룩한 기업을 돕는다면 이 세상은 훨씬 더 평화롭고 따뜻해지지 않을까.

수태고지교회 바로 옆에는 예수님의 아버지 요셉을 기념하는 요셉교회The Church of St.Joseph가 있다. 요셉교회 역시 요셉이 목수로 일하던 집터 위에 세워졌는데, 수태고지교회와는 달리 규모가 작다. 그러니까 마리아와 요셉은 서로 앞뒷집에 살던 사이였던 것이다.

현재의 요셉교회는 1994년 세워졌고, 설립 당시 목공 도구를 비롯해 세례터와 동굴 창고, 기름틀, 물 저장소 등이 교회 지하에서 발견되었다. 그것을 통해 당시 요셉의 생활이 어떠했는지 추측해 볼 수 있다.

교회 내부에는 단란한 한 가정의 풍경을 담은 성화 한 점이 걸려 있다. 아버지 요셉 곁에서 목수 일을 돕는 예수님과 요셉이 만들었음직한 의자에 앉은 마리아가 그 모습을 바라보고 있다.

정혼을 한 요셉으로서는 마리아의 잉태가 달갑지 않았을 것이다. 그러나 믿음으로 마리아가 메시야의 어머니가 되리라는 것을 깨닫고 따뜻하게 받아들인 요셉. 그것이 곧 하나님에 대한 신뢰와 헌신의 사명이었으리라. 요셉의 삶과 신앙을 묵상함은 그래서 의미 있다 하겠다.

팔복교회 언덕에서 바라본 갈릴리호수는 바다처럼 보이지만 엄연한 담수호다.

예수님의 품성을 닮은 갈릴리호수

바다처럼 드넓은 품을 지닌 갈릴리호수Sea of Galilee 주변은 예수님이 공생애公生涯 기간 중 가장 많은 사역을 펼치신 곳이며 물 위를 걷는 기적을 보이신 곳이다. 예수님은 또한 이곳에서 제자들과 더불어 하나님의 말씀과 사랑을 전하셨는데 가난하고 못 배운 자들과 연약한 여자들이 늘 곁에 있었다.

주의 성령이 내게 임하셨으니 이는 가난한 자에게 복음을 전하게 하시려고 내게 기름을 부으시고 나를 보내사 포로 된 자에게 자유를, 눈 먼 자에게 다시 보게 함을 전파하며 눌린 자를 자유롭게 하고 주의 은혜의 해를 전파하려 하심이라 하였더라(눅 4:18~19).

쪽빛 갈릴리호수는 예수님의 성품을 닮은 듯 깊고 따뜻하다. 예수님의 공생애 시절 갈릴리호수 주변은 아름답고 풍요로워 사람들의 삶이 비교적 윤택했다고 전해진다.

"이 잔잔해 보이는 호수가 강한 바람이 불면 성난 파도를 일으킵니다. 성서에서도 예수님이 제자들을 위해 호수를 꾸짖어 파도를 잠재우는 장면이 묘사되어 있지요."

성서 속의 성난 호수는 지금 너무도 잔잔하여 현지 촬영 코디네이터를 담당한 채 전도사의 목소리마저 나른하게 만들었다. 그때 마침 순례단이 갈릴리호수에서 선상 예배를 본다는 말을 듣고 우리는 들떠 곧바로 합류했다.

선상에서는 예배와 찬양은 물론 작은 연주회도 열렸다. 물 위를 걷고 오병이어의 기적을 행하며 가난한 이웃들의 아픔을 기적으로 다스리시는 2천 년 전 예수님을 생각하며 드리는 예배와 묵상은 너무도 은혜로웠다. 어느덧 해는 수평선을 넘고 큰 바다와 같은 갈릴리호수에는 석양이 붉어 있다.

배에서 내리는데 마침 하역 작업을 하는 어부를 만났다. 그 어부가 마치 베드로처럼 여겨져 괜스레 반가운 것은 비단 나뿐만이 아니었을 것이다. 설렘과 기대감으로 예수님에 대해 어떻게 생각하냐고 물으니 어부는 매우 뜨악하게 쳐다보며 대답한다.

"예수! 잘 모릅니다."
"…"

혹시 인터뷰 내용을 다큐멘터리에 담을 때 이름을 넣어도 괜찮겠냐고 하자 웃음으로 OK사인을 보낸다. 그런데 아이러니하게도 어부의 이름이 피터, 즉 베드로^{Peter}다. 'Peter'라는 이름은 예수의 제자 베드로 때문에 서양에서 널리 쓰이는 이름이다. 그래서 혹시 예수의 제자 베드로를 아느냐고 물으니 그냥 웃는다. 짐작건대 알고는 있지만 별로 언급하고 싶지 않은 말투였다. 기독교에 대한 유대인들의 오랜 반감이 이곳에서도 여지없이 보인다.

예루살렘처럼 이곳에서도 예수님은 흘러간 시간 속에 존재하는 것일까. 예수님이 가장 많은 사역을 하신 곳에서조차 잊혀져가는 예수님이 안쓰러운 저녁, 마지막 대에 세상의 땅끝까지 이르러 내 증인이 되라고 하신 곳이 바로 이곳이 아니었을까.

갈릴리호수 주변은 예수님의 사역 흔적들이 곳곳에 성지로 남아 있다. 호수 북쪽의 팔복교회^{The Church of the Beatitudes}는 예수님이 산상수훈^{山上垂訓} 중 여덟 가지 복에 대해 설교한 것을 기념해 세운 교회다. 팔복을 상징하는 팔각형의 각 외관 벽면마다 라틴어로 여덟 가지의 복이 기록되어 있다. 많은 종려나무와 만발한 꽃, 그리고 갈릴리호수의 가장 아름다운 푸른빛을 띤 팔복교회는 마치 '천국이 이러할까'라는 생각마저 들게 한다.

갈릴리호수 북서쪽 호숫가 마을 가버나움^{Capernaum, 가파르나움}은 예수님이 베드로, 안드레, 야고보, 요한 등을 제자로 삼고 여러 기적을 행한 곳이다. 복음서에서는 이곳을 '그의 고향' 혹은 '그의 도시'라 부르고 있다. 로마시대 때는 남북을 연결하는 중요한 통로이며 '해변길'로 군인, 상인, 여행자들의 발걸음이 끊이지 않았으므로 선교 차원에서 매우 중요한 곳이었다. 특히 대리석으로 지어진 유대교 회당은 매우 아름다운 건축물로 비교적 잘 보존되어 있다. 그러나 한때 화려했던 성읍의 흔적은 커다란 돌과 집터만 남아 있다.

반면 갈릴리호수가 바라다 보이는 베드로수위권교회The Church of the Primacy of Peter는 정 반대의 풍경이다. 검은색 현무암을 재료로 하여 지어진 석조건물은 언뜻 보기에 교회라기보다 호숫가 아름다운 주택 같다. 그 지역의 재료로 교회를 짓고, 그 지역의 주변 풍경을 해침 없이 조화를 이루도록 한 것은 우리가 한번쯤 눈여겨볼 일이다.

사방 유리창 안으로 환하게 밀려들어 오는 햇살이 황량한 성지만 다니던 지친 몸과 마음을 풀어준다. 오랜만에 누려보는 편안함이다.

"갈릴리 호숫가에서 주님은 제자들에게 물으셨네. 사랑하는 시몬아 너는 나를 사랑하느냐. 오! 주여 당신만이 아십니다."

성지의 유대인 상술

기노사르 키브츠 Ginnosar Kibbutz 로 가는 버스 안. 지쳐 있는 일행에게 채 전도사가 느닷없이 퀴즈를 내겠다며 맞춰보라고 한다.

"이스라엘 성지를 순례하던 사람이 갈릴리호수에 도착해서 배 삯을 물었어요. 그런데 배 삯이 생각했던 것보다 터무니없이 비싸지 뭐예요. 기분이 상한 순례자가 사공에게 따졌지요. 그때 사공이 말하기를 "여기가 얼마나 유명한 곳인지 모르는 거요? 여기는 바로 예수님께서 물 위로 걸으셨던 호수란 말이오!" 그 말을 들은 순례자가 투덜거리며 뭐라고 했을까요?"

온갖 답이 왁자지껄 오갔으나 결국 맞추지 못하자 채 전도사가 알려준 정답을 듣고 우리는 배꼽 빠지게 웃어댔다.

"예수님께서 왜 물 위를 걸어가셨는지 알만하군!"

씁쓸한 유머 속에 등장하는 '예수님의 배'는 갈릴리호수에서 쉽게 볼 수 있다. 그러니까 갈릴리호수에서 운항하는 전세 배들은 대부분 '예수님의 배'를 표방하고 있다고 해도 틀린 말이 아니다. 미리 예약을 하면 그 나라 국기를 달고 국가를 틀어주는 것은 물론, 안내방송까지 대부분 그 나라 말로 해준다. 마지막으로 배에서 내릴 때 '예수님 배승선 확인증'을 발급해주기도 한다.

심지어 갈릴리호수 인근의 식당에서 파는 생선요리에도 '베드로 고기'라는 이름이 붙어 있다. 베드로 생선요리는 레몬즙을 살짝 뿌린 훈제 배스다. 담백한 맛의 생선요리와 무교병이 함께 나온 것을 보니 대단한 상술이라는 생각이 든다.

유대인이셨던 예수님 땅에 유대인들뿐만 아니라 아랍계 상인들까지 상술을 부리는 곳으로 변한 것은, 그러나 그리 슬퍼할 일도 아니다. 비록 예수님의 땅에 예수님은 계시지 않지만, 말씀과 믿음으로 살아 계시는 것만으로도 충분한 까닭이다.

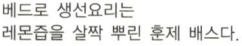
베드로 생선요리는
레몬즙을 살짝 뿌린 훈제 배스다.

진흙이 보듬은 예수 시대의 배

예수님이 갈릴리호수를 걸었던 당시의 배는 기노사르 키부츠에 있는 이갈 알론센터The Yigal Allon Center에 보관되어 있다. 예수님과 그 제자들이 타고 다녔던 배는 아니지만, 그 시대의 배라는 것은 여러 가지 증거로 이미 확인되었다. 예수님은 이와 같은 배를 때로는 설교 연단으로, 때로는 이동 수단과 숙소로 이용하셨다고 한다.

센터 홍보 담당 마리나 바나이 씨는 놀라울 정도로 깔끔하게 보존된 배 앞에서 예수님이 갈릴리에 머무셨음을 말해주는 유일한 증거이며, 고고학자들이 그토록 찾아다녔던 배라고 설명했다.

"이 배는 민물에서 발견된 배 중 전 세계에서 가장 오래된 배입니다. 이렇게 오랫동안 보존된 것은 기적입니다. 그 이유는 배 표면을 덮고 있던 진흙이 배가 잘 보존될 수 있도록 해주었던 것이지요. 산소측정 방법으로 표면을 검사해 본 결과 1세기경 배로 추정되기 때문입니다. 누가 이 배를 탔는지 모르지만 말이죠."

배는 백 년 만에 찾아온 극심한 가뭄으로 갈릴리호수가 거의 바닥을 드러내고 있을 때 함께 그 모습을 보였다. 근처에 살고 있던 루판 형제가 진흙 속에 오랫동안 파묻혀 있던 배를 발견한 것이다.

 누가 상상이나 했을까. 진흙이 2천 년 동안이나 예수님 시대의 배를 품고 있었다는 것을. 그리고 지금에 이르러 이 배를 세상에 내보인 것은 아직 우리가 헤아리지 못한 깊은 뜻이 숨어 있을지도 모를 일이다. 하여 이 또한 '발견'에만 의미를 두지 않게 한다.
 메시야로 이 땅에 오신 예수님은 이처럼 당신이 깃들었던 자리마다 성스러운 흔적과 말씀으로 복음을 전하고 계시니 우리 또한 가슴으로 그 복음을 받아들이고 끊임없이 전하게 한다.

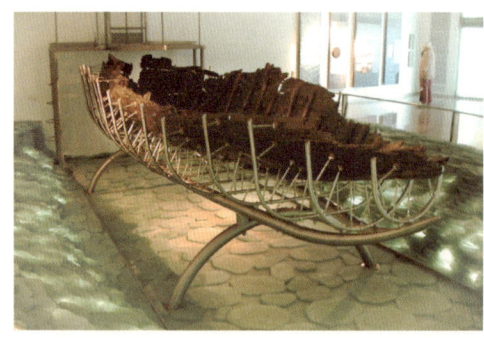

예수 시대인 1세기 경으로 추정되는 배.

가나의 기적, 그리고 3년간의 공생애

예수님이 3년에 이르는 짧은 공생애公生涯 기간 중 가장 많은 기적을 드러내신 곳, 가나Cana. 예수님의 첫 번째 기적도 바로 이곳에서 이루어졌다. 가나의 혼인 잔치에서 물을 포도주로 변하게 하신 기적이 바로 그것이다.

그리고 지금 그를 기념해 혼인잔치기념교회The Church of the Wedding, 가나결혼교회가 세워져 있다. 순례자들은 이곳에 이르면 소경의 눈을 뜨게 하는, 앉은뱅이를 일으켜 세워 걷게 하시는, 보리떡 5개와 물고기 2마리로 갈릴리호수에 모인 5천 명 이상의 사람들을 배불리 먹이고도 열두 광주리나 남긴 '오병이어'의 기적을 행하시는 예수님과 만난다.

당시 예수님이 짧은 생애 동안 행하신 기적의 현장을 찾고자 하는 노력은 오늘까지 이어지고 있다. 이스라엘 홀리랜드대학교University of The Holy Land 스테판 판 교수 역시 예수 시대의 유물 발굴에 참여해 온 사람 중 하나다.

"예수님이 행하신 기적의 흔적은 매우 널리 분포되어 있습니다. 우리가 발굴한 도구와 땅을 비롯하여 모든 것들을 종합해 볼 때 예수님 당시의 기적이 사실이라는 것을 알 수 있습니다."

예수님의 기적은 안식일과 상관없이 성전에서도 거리에서도 이루어졌고, 그 때문에 율법을 중시하던 유대인들과 마찰을 불러일으켰다. 유대인들에게 안식일을 지키지 않는다는 것은 율법을 어기는 것과 같은 것이었다. 유대인들은 예수님이 하나님의 뜻을 거스른다고 분노했으며, 반발했다.

율법보다 생명 구하는 일을 더욱 중요하게 여기신 예수님. 믿음으로서 치유를 구하는 가난한 이웃들에게 지극히 낮은 곳에서 보이신 수많은 기적은 곧 성령의 도우심이었으며, 하나님께서 원하시는 사랑이 어떤 것인지를 알려 주신다. 메시야로서 당신의 자리 자리마다 새겨 놓으신 아름다운 깨달음의 진리는 오늘도, 그리고 영원히 예수님을 기억하게 한다.

05 Syria & Turkey & Greece & Rome
이방인의 빛

삶의 긍정적 변화는 뜻밖의 것에서부터 시작되는 것.
희망도 그로부터 출발하니 어느 순간 무언가가 회오리바람처럼
불어 닥치거든 잘 이겨 내서 그것이 남긴 흔적을 봐야 하리라.
오늘 우리가 걸은 길 위에 놓인 그 흔적의 점들은
지독히도 단단한 것으로 절로 숙연해지지 않을 수 없었으니……

위대한 크리스천, 사도 바울

 이방인들에게 복음을 전하기 위해 하나님이 예비하신 자, 사도 바울The Apostle Paul. 그러나 바울은 하나님을 믿는 백성을 박해하며 쫓던 사람이었다. 그랬던 바울이 어떻게 예수님과 함께 기독교의 역사를 바꾼 위대한 전도자가 되었을까.

 부유한 정통 유대인 가정의 자손이었던 바울은 예수님보다 몇 년 뒤에 태어났다. 유대교 율법을 철저하게 지키며 성장했고 랍비 학교를 다니며 랍비가 되고자 했다. 학문에도 조예가 깊어 당시 총독으로부터 "네 많은 학문이 너를 미치게 한다(행 26:24)"는 말까지 들었을 정도다.

 바울은 또한 자신이 유대인임이, 특히 바리새인Pharisee인 것에 만족하며 메시야로서의 예수를 인정하는 기독교인들을 정죄定罪했다. 그리고 언젠가 자기 안에 하나님이 임하실 날이 있으리라고 믿었다.

 바울은 기독교인들을 잡아 결박해 오려고 다메섹Diamashq, 다마스쿠스으로 가던 중 눈부신 빛 가운데 찾아오신 주님을 영접한다.

"사울아! 사울아! 어찌하여 나를 핍박하느냐?"

 주님의 말씀을 알아들은 것은 오직 바울뿐이었다. 바울과 함께 있

었던 사람들은 그 자리에서 모두 쓰러졌으며, 바울은 말에서 떨어지고 두 눈이 멀었다. 사흘 동안 유다라는 사람 집에 머물며 먹지도 마시지도 않으면서 기도하고 있을 때, 다메섹에 사는 유대인 아나니아 St. Ananias 와 만나게 된다. 아나니아는 주님의 음성을 듣고 바울을 찾은 것이다. 바울은 아나니아로부터 안수를 받고 성령이 자신에게 임하셨음을 깨닫는다.

하나님은 준비하신 대로 바울을 이방인의 사도로 세우시고, 그를 이방인들에게 보내 복음을 전하게 하셨다. 그리고 바울이 복음을 전파하는 곳에는 언제나 성령이 함께 하시어 크고 작은 기적을 보이게 했다.

로마 시민권자인 바울은 대도시 중심으로 전도를 펼쳤다. 당시의 대도시들은 헬레니즘이 발달했던 까닭에 언제나 많은 이방인이 모여들었기 때문이다.

그러나 율법을 목숨처럼 여기는 유대인들과의 마찰과 갈등은 계속해서 투옥의 고난으로 이어졌다. 로마에서 목이 잘리는 참수형에 처해지기 전까지 바울은 아시아에서 유럽으로, 다시 유럽에서 아시아를 오가며 여러 차례의 전도여행을 통해 예수님을 세상에 알리고 핍박받던 기독교를 세계 중심의 종교로 올려놓았다.

바울의 복음이 짧은 시간 안에 세상으로 퍼져 나갈 수 있었던 것은 이처럼 복음의 메시지를 몸소 실천하며 전도했기 때문이었다. 그리고 2천 년이 지난 지금, 세계의 20억 사람들은 말씀으로 세상을 밝힌 바울을 기억하고 사모한다.

잊혀진 성지, 시리아

　　　　　　나라의 멸망은 전통과 종교와 생활상을 한순간 붉은 피로 바꿔 놓는다. 그리고 계속되는 분쟁 속에서 이어지는 역사는 수많은 굴곡진 이야기들을 엮는다. 시리아^{Syria}도 한때 동로마 제국의 영토였다가 이슬람화된 곳으로 품은 세월이 편치 못하다.

　시리아 땅을 밟기 전까지 썩 좋지 않은 편견을 지니고 있었던 것이 사실이다. 또 시리아에 간다고 했을 때 주변에서는 우려의 목소리부터 냈다. 시리아는 우리와는 국교가 없는 반면 북한과는 수교를 맺은 나라인데다 뉴스로 접하는 소식마다 반길 만한 것이 없었기 때문이다.
　그런데 생각과 달리 시리아는 평화로운 땅이었고 사람들도 순박했다. 그곳의 자연은 원래의 모습으로 살아 있었으며 물가도 싸서 가난한 여행자에게는 더없이 좋은 곳이다. 서구화 물결이 급속히 밀려들고는 있으나 아직은 예스러운 풍경이 많이 남아 정감이 더욱 간다.

　시리아는 대부분 이슬람교이지만 기독교도 약 10퍼센트 정도 된다고 하니 놀라지 않을 수 없었다. 그리고 기독교적으로 귀중한 사료가 되는 유적지들도 꽤 산재해 있다. 유대인을 탄압하던 사울이 말에서 떨어져 하나님의 사도 바울이 되었던 다메섹이 바로 시리아의 현재 수도인 다마스쿠스이고, 7세기 이슬람 제국의 수중에 들어가기 전까지 기독교가 크게 전파되었으며, 말룰라 Maaloula 지역에는 아직 예수님 당시 언어였던 아람어 Aramaic language가 그대로 남아 있다.

그럼에도 시리아는 기독교인들에게조차 낯선 땅이 되어 버렸다. 그래서 기독교인들은 시리아를 '잊혀진 성지'라고 부른다.

지혜로운 공존,
다메섹 우마이야 모스크

바울의 흔적을 찾기 전 시리아에서 먼저 가보고 싶은 곳이 있었다. 바로 세례 요한의 무덤이 있는 우마이야 모스크Umayyad Mosque다. 시리아에서 가장 큰 초기 이슬람 사원으로 천 년의 도시 중 하나인 다메섹 구 시가지에 자리한다. 우마이야 모스크 한가운데는 모슬렘이 모여 기도를 올리는 곳이 있는데 그곳이 바로 참수당한 세례 요한의 머리가 있는 곳이다.

부르카Burka, 이슬람 여성들이 머리에서 발목까지 덮어쓰는 통옷를 입은 모슬렘 무리와 검은색 정교회 수녀복을 입은 수녀들이 같은 곳을 바라보며 묵상하는 모습도 보인다. 모슬렘도 세례 요한을 선지자로 여기며 신성시 한다고 한다. 이처럼 서로 다른 종교의 사람들이 함께하는 곳이 바로 우마이야 모스크다.

우마이야 모스크는 원래 원주민 아람인Aramaean의 풍요의 신 하다드Hedad, 비를 주관하고 땅을 풍요롭게 해준다는 고대 시리아의 최고신를 모셨던 신전이었다. 그러다 비잔틴 제국 때 세례요한머리무덤교회Shrine of St. Jhon the Baptist가 되었다가 이슬람 시대에 들어와 대사원으로 바뀌었다. 그때 이슬람 정복자들이 세례요한머리무덤교회를 허물지 않고 사이좋게 나란히 공간을 분할해서 예배를 볼 수 있도록 배려했다. 그리고 그 자리에 새로운 사원을

우마이야 모스크 한가운데에는 참수 당한 세례 요한의 머리가 있다.
이곳에서는 검은색 수녀복을 입은 정교회 수녀와 모슬렘들이 함께 기도한다.

지을 때 기독교인들을 위한 새로운 교회도 함께 지어 주었다.

시리아의 교회는 이집트 콥트교처럼 이슬람 국가 내에서 나름의 영역을 고수하며 기독교 신앙을 지켜오고 있다. 기독교와 기독교인들에 대한 탄압이나 차별은 거의 없는 듯 보이지만, 안타깝게도 선교사들에 대한 탄압이 있는 것이 공공연한 사실이다.

다메섹을 거쳐 간 수많은 정복자의 역사가 고스란히 보관된 우마이야 모스크는 매우 화려하다. 이슬람 우마이야 왕조의 칼리프인 알 왈라드Al-walid 1세가 수많은 인력과 금화를 들여 최고로 화려한 모스크로 만들었기 때문이라고 한다.

그러나 서로 다른 종교를 허용하는 우마이야 모스크에서 금기시하는 것이 하나 있다. 아직도 여자는 온몸을 가려야 입장이 가능하다는 것이다. 아랍권 국가들이 대부분 그렇듯 이곳도 예외가 아니다.

또 우마이야 모스크를 방문하는 여행자 중에는 미국인이 없다. 미국이 시리아와 적대 관계에 놓여 있기 때문인데, 그래서 여행자의 국적은 한국과 일본, 유럽이 주를 이룬다.

굴곡진 역사 속에서 4천 년을 이어온 오래된 도시 다메섹에서 되풀이되는 침략과 방어와 희생을 견디고 타 종교와 평화로운 공존을 꾀한 우마이야 모스크. 서로 '다름'이 잘 섞이면 어떻게 조화를 이루는지 잘 보여주는 예다. 기독교인으로서 굳이 더 바란다면 그곳에 예수님의 복음이 좀 더 깃들었으면 하는 것이다. 그리하여 더욱 따뜻한 공존의 자리가 되기를 소망한다.

바울의 회심,
바울회심교회와 시리아인의 친절

다큐멘터리 답사차 다메섹을 방문했을 때 일이다. 헤르몬 산 쪽으로 18킬로미터 지점에 있는 바울회심(낙마)교회KauKab로 가기 위해 다메섹 외곽의 작은 정류장에서 버스를 타는데, 함께 탄 현지인이 차비를 선뜻 대신 내주었다. 뜻밖의 호의에 놀라자 직업이 영어 선생님이라는 그는 미소를 띠며 말했다.

"당신은 외국인이잖아요. 나는 단지 이곳을 여행하는 여행자에게 약간의 친절을 베풀고 싶었을 뿐입니다."

바울회심교회까지 가기 위해서는 중간에 다시 한 번 갈아타야 하는 번거로움이 있었다. 그것을 잘 알고 있었던 그는 함께 내려서 기다려 주기까지 했다. 그런데 좀처럼 버스는 오지 않고 시간이 꽤 흐르자 자신의 집에 잠시 들러 차 한 잔 마시며 쉬고 가라는 선의까지 베풀었다. 낯선 여행지에서 의외의 친절은 두려움을 동반하기도 하는데 그의 친절은 매우 따뜻하게 여겨졌다.

더운 지역의 집들이 대부분 그렇듯이 그의 집도 꽤 컸다. 그는 시원한 음료를 내왔고 어릴 때부터 함께 자란 동네 친구들과도 인사시켜 주었

외국인 여행자에게 따뜻한 친절을
베풀어 준 시리아인 가족들.

다. 한참을 머문 후 돌아가려 하자 잘 오지 않는 버스 대신 지나가는 트럭을 잡아 태워주면서 운전자에게 잘 부탁한다는 말까지 잊지 않았다.

예수님이나 바울이 사람들로부터 받은 선행이 바로 이와 같았을까. 진정 아무 대가 없이 베푼 그들의 친절로 말미암아 다시 보게 된 시리아 사람들의 마음 밭은 너무도 선하고 고왔다. 하여 그들에게 예수님의 복음 없음이 더욱 마음 아프기까지 했다.

따스한 인정으로 찾은 바울회심교회는, 그러나 문이 굳게 닫혀 있었다. 베들레헴의 예수탄생교회에서 이미 거절당한 경험이 있어 그냥 돌아설까 하다 혹시나 하고 문을 두드리니 뜻밖에도 문지기가 반갑게 맞아 주었다. 멀리서 온 순례자를 내칠 수 없다고 여긴 모양이었다.

바울회심교회는 관리가 매우 잘 되어 있었다. 시리도록 푸른 하늘과 흰 구름이 풍경의 아름다움을 보탰다.

바울이 처음 다메섹을 찾았던 이유는 예루살렘을 도망친 기독교인을 죽이기 위해서였다. 유대인이었던 바울은 예수님을 믿는 자들을 잡아 감옥에 가두고 채찍질했으며 모질게 박해했던 사람이다.

그런 그가 말에서 떨어져 두려워 말라는 하나님의 음성을 듣는 순간, 바울의 심정은 어떠했을까. 또 그때 들린 하나님의 음성은 어떠했을까.

아무도 없는 텅 빈 바울회심교회에서 바울의 마음이 되어 본 순간, 바울은 예수의 신봉자들을 핍박하던 자신의 모습을 한스러워 했으리라. 그리고 이곳에서 복음을 전하며 살겠노라고 뼛속 깊이 다짐했을 것이다. 만약 바울의 그와 같은 회개와 기도가 없었다면 오늘날의 기독교는 어떤 모습으로 이 땅에 있을지 궁금하다.

바울이 회심한 자리,
아나니아기념교회

역사상 가장 오래된 주거 도시의 하나이자 고대 아람 왕국의 수도였던 다메섹 한쪽에 '직가'라는 시장 골목이 있다. 그곳은 로마 시대의 직선도로로 초기 기독교인인 아나니아^{St. Ananias}가 살던 곳이다. 꿈속에서 주님의 음성을 듣고 바울에게 세례를 준 아나니아를 기념하는 교회 아나니아기념교회는 이 길 동쪽 끝자락 몇 안 되는 크리스천 구역에 있다. 바울은 이곳에서 회심한 것으로 알려졌다. 기독교 역사상 최초의 그리고 최고의 선교사로 기억되는 바울의 회심과 전도 여정은 바로 이곳에서 시작되었다.

주께서 이르시되 일어나 직가라 하는 거리로 가서 유다의 집에서 다소 사람 사울이라 하는 자를 찾으라. 그가 기도하는 중이니라(행 9:11).

자그마한 아나니아 동상이 걸려 있는 계단을 내려가니 지하 교회 양쪽 벽에 바울이 회심하는 과정을 담은 성화들이 걸려 있다. 기독교인을 박해하는 젊은 청년 '사울'이 어떻게 해서 복음을 전하는 '사도 바울'이 되었는지를 성화를 통해 일목요연하게 보여준다. 순례자들의 발걸음은 모두 이곳에서 멈추고 바울의 삶을 바꾼 회심에 감동하며 성화

다메섹 한쪽에 자리한 시장골목 '직가'는 로마 시대의 직선도로로 초기 기독교인 아나니아가 살았던 곳이다.

한 점 한 점과 눈맞춤 한다.

　동문 밖으로는 바울이 핍박자들을 피해 광주리를 타고 도망 나온 곳에 바울창문교회Bab Kissan, 광주리교회가 세워져 있고, 동문에서 5분쯤 걸어 이르는 곳에는 옛 성벽 일부가 남아 있다.

　하나님의 주관으로 율법 신앙에서 복음 신앙을 갖게 된 바울. 그가 회심한 자리에서 하나님께서 바울을 통해 보여 주신 사랑과 은혜를 온 몸으로 받아들인다. 바울의 마음으로, 바울이 그랬던 것처럼 말이다.

아나니아기념교회에 있는 동상.
바울이 아나니아로부터 세례를 받고 있다.

말룰라에 살아 있는 예수 시대의 언어, 아람어

시리아의 전통적인 기독교 지역 말룰라Maloula, 마룰라는 그리스 정교인 성 세르기우스교회, 예수피난교회와 성 테클라수녀원를 찾아오는 사람들로 늘 북적이는 성지다.

성 테클라수녀원Church of St. Thecla은 산꼭대기에 자리 잡고 있어 하얗게 칠해진 예쁜 집들이 멀리서부터 눈길을 끈다. 하지만 이곳이 특별히 눈길을 끄는 이유는 아랍어와 아람어를 동시에 사용하고 있기 때문이다.

아람어는 페르시아 제국의 공용어가 되면서 히브리어 대신 유대인의 언어가 되었다. 따라서 예수님의 말씀이나 바울의 편지, 신약성서의 상당수가 아람어로 쓰였을 것으로 추정한다. 말룰라는 이미 사어死語가 되어버린 아람어를 쓰는 지역이다. 11세기 이슬람 세력에 의해 아람어 사용이 법으로 금지되었음에도, 말룰라 지역 사람들은 일상생활에서까지 아랍어와 함께 아람어를 자연스럽게 쓰고 있다.

말룰라 지역에 있는 한 가정집. 촬영을 허락해 준 마리아의 집은 3대가 함께 살고 있다. 이는 중동 지역에서 흔히 볼 수 있는 모습이다. 오후 4시쯤 방문하니 마침 티타임 중이다. 커피로 유명한 지역답게 주

(좌) 성 테클라수녀원은 산꼭대기에 자리 잡고 있어
　　하얗게 칠해진 예쁜 집들이 멀리서부터 눈길을 끈다.
(우) 소박한 모습의 자매는 성 세르기우스교회에서 봉사하며 지내는데
　　그녀들은 일상에서 예수 시대의 언어인 아람어를 사용한다.

로 즐기는 차는 당연히 커피다. 그리고 티타임을 알리는 기도 역시 아람어다.

이들은 커피를 마시며 많은 대화를 나눈다. 대화는 생활의 일부이자 공동체를 유지하는 큰 힘이다. 마리아는 엄마에게 학교에서 있었던 일, 친구와 다퉜던 일 등 시시콜콜한 이야기를 들려주고, 엄마는 옆집 아줌마가 배탈이 나서 병원에 입원했다는 등 이웃집 숟가락 사정까지 들려준다. 이때 대화는 모두 아람어인데, 아랍어나 히브리어와는 또다른 묘한 울림이 있다. 아, 예수님께서 바로 저 언어로 말씀하셨겠구나 생각하니 감회가 새롭다.

그러나 마리아 가족이 나누는 아람어는 '말' 속에서만 살아 있는 말로만 전해지는 언어다. '글자'가 없다. 학교에서는 여전히 아랍어로 배우고 말하고, 성서 역시 아랍어로 되어 있기 때문이다.

"교회에서 아람어를 따로 공부하는 분들이 있기는 합니다."

말룰라 인근의 정교회 본부. 마리아 가족이 알려준 곳이다. 본부답게 수많은 사제들이 모여 생활하면서 하루에도 몇 차례씩 여러 가지 제례가 행해진다. 형식이 복잡하고 시간도 많이 걸리는 듯 보인다. 이들이 각종 제례에서 사용하는 언어 역시도 모두 아람어다. 그러니까 지금 우리는 예수님 시대의 언어로 성서에 기록된 예수님의 말씀을 직접 듣는 것이다. 마치 오랫동안 해외여행을 하며 외국어만 듣다가 어느 날 모국의 사람을 만나 모국의 말을 듣는 것처럼 정겹다.

정교회 본부에서는 '말'로만이 아니라 '글'로도 예수 시대의 성서를 만나볼 수 있다. 이곳의 사제들은 아람어를 글로 쓰고 배우고 전파한다. 하루 서너 시간씩 고정적으로 아람어 공부시간을 갖는데, 그 노력 덕분에 아람어는 '입'으로만 전해지던 구어에서 글자까지 제대로 갖춘 '언어'의 꼴을 갖출 수 있게 된 것이다.

1천300년이 넘는 이슬람의 점령기간 동안 기독교 신앙을 잃지 않고 지킨 것만 해도 대단한데, 그 시대의 언어까지 소멸하지 않도록 생활 속에서 지켜온 것은 얼마나 대단하고 위대한 일인가. 얼마 전에는 다마스쿠스대학과 말룰라 지역 학교에 아람어의 보존을 위한 아람어과도 개설되었다고 한다.

정교회 본부 도서관에 있는 아람어 성서를 조심스럽게 한 장 한 장 넘겨본다. 신약 성서 기자들이 바로 이와 같은 글자로 예수님의 말씀을 하나하나 기록해 나갔을 생각을 하니 가슴이 뭉클하다. 사제의 도움을 받아 '산상수훈'을 펼쳐든다. 우리에게 직접 기도하는 방법을 알려주셨던 '주기도문'을 찾아 손가락으로 한 글자 한 글자 짚어 나간다.

아, 손끝이 떨린다. 이 순간 언어는 단순한 글자나 말이 아닌 생명인 것이다.

현재의 기독교 황무지, 터키

동서양의 교차로에 위치한 터키^{Turkey}. 10분이면 건너는 보스포루스^{Bosporus} 해협을 사이에 두고 한쪽은 아시아고 다른 한쪽은 유럽이다. 이러한 지리적 여건으로 터키는 다양한 민족의 삶이 녹아 있고 다양한 종교의 성지들이 곳곳에 남아 있다. 그리스 신전, 유대교 회당, 이슬람 모스크 그리고 초기 기독교의 모습을 동시에 볼 수 있는데 이는 평탄치 않았던 터키의 역사를 말해 주는 것이기도 하다.

터키에는 노아의 방주가 안착한 아라랏$^{Ararat\ Mt.}$산, 아브라함이 광야 생활 중 15년간 머물렀던 하란^{Harran}, 7개의 초대 교회, 핍박받던 기독교인들의 신앙 피신처로 삼았던 카파도키아^{Cappadocia}, 세계 역사상 최초로 기독교를 국교로 공인한 아르메니아^{Armenia}왕국의 교회, 사도 바울의 전도 여행의 흔적 등 기독교적으로 매우 의미 깊은 성지들이 널리 산재해 있다. 그러나 현재 터키 안의 기독교인들은 극히 소수에 불과하다. 그것도 점점 줄고 있는 상황이라고 한다.

터키는 공식적으로는 국교가 없지만 비공식적으로는 이슬람교가 국교가 아닐까 싶을 정도로 다수를 이룬다. 한마디로 종교의 자유는 헌법상 보장되어 있으나 사실상 소수의 비모슬렘이 여러 면에서 차별을 받고 있다.

최근 아다나 Adana에 있는 터키성서협회 소속 성서서점이 민족주의자들에게 습격 받은 일이 뉴스로 크게 보도되었을 만큼 극소수의 기독교인들은 지금 공격과 위협 속에서 하나님에 대한 믿음을 지켜가고 있다.

터키 중부에 위치한 카파도니아 지역의 괴레메는 한때 7만 명의 기독교인들이 숨어 살았던 은신처였다.

집 안에 우물이 있는 것으로 보아 당시 바울의 형편이 꽤 부유했던 것으로 추측한다.

지식 청년 바울을 만든 자리, 다소

다큐멘터리 기획 당시 바울의 행적을 더듬어 보기 위해 자료를 찾던 중 바울이 터키 동남부 지방 다소Tarsus에서 태어난 것을 알게 되었다. 우리는 바울의 흔적을 다소에서부터 차근차근 찾아보기로 했다.

바울이 다소 지방에서 태어났다는 것을 아는 사람은 사실 그리 많지 않다. 터키를 여행하는 순례자들이 바울의 고향 다소를 찾기 시작한 것도 최근에 이르러서다. 그래서 이슬람 지역임에도 불구하고 바울 생가 터는 비교적 잘 보존된 편이다.

다소의 바울 생가터는 이슬람 사원에 둘러싸여 있었다. 지진으로 파묻힌 생가터는 지하 4미터 아래 유리로 보존되어 있고, 집안의 우물 크기로 보아 꽤 부유한 집안의 아들이었음을 짐작케 한다.

사실 바울의 생가터는 뚜렷한 증거를 찾지 못해 '추측한다'는 말이 더 적합하다. 지금의 생가터는 바울이 살았던 시절 바울의 집안과 비슷한 정도의 부자가 살았던 집터로 알려져 있다. 그 역시도 추측일 뿐이다.

바울 생전의 다소는 지리적으로 동서를 연결하는 중계무역도시였다고 전해진다. 경제적인 여유뿐 아니라 스토아 학파의 본산을 비롯한 알렉산드리아, 아테네와 함께 당시 3대 학문의 도시였다. 또한 로마의 안토니우스가 이집트의 클레오파트라를 불러 함께 동거를 했을 만큼 당시에는 매우 유명한 곳이었다. 덕분에 바울은 유대인이면서도 남다른 세계관과 높은 학식을 겸비할 수 있었고 '율법과 교리'라는 형식에 얽매이지 않는 자유로운 사고를 형성할 수 있었다.

 바울은 추측으로 남은 생가에서 그림엽서와 기념품으로 자신을 찾는 세계 여행자들과 만난다. 그곳에서 이국적 빛깔의 엽서를 여러 장 사서 그 중 가장 마음에 드는 것을 골라 각자 그리운 누군가에게 짤막한 안부를 적어 보내는 것도 좋으리라. 바울의 복음과 함께.

지진으로 파묻힌 바울의 생가터는
지하 4미터 아래 유리로 보존되어 있다.

바울의 첫 전도여행,
안디옥 베드로동굴교회

터키의 작은 항구 도시 안디옥^{Antakya, 안타키아}. 이곳은 '크리스천'이라는 명칭이 처음으로 사용되었으며, 바울의 첫 전도여행이 시작된 곳이자 바울이 행한 세 번의 전도 여행 출발점이다. 그리고 바울의 흔적이 남겨진 베드로동굴교회^{Peter's Cave Church}가 세워져 있다.

안디옥 시가 동편에 있으며 나무가 거의 자라지 않는 가파른 돌산인 실피우스산^{Silpius Mt.} 중턱에 자리를 잡은 베드로동굴교회는 최초의 기독교 순교자 스테반 집사^{St. Stephanos}가 죽은 뒤 박해가 심해지자 교인들이 박해를 피해 몰려들었던 곳이다. 이곳에 은신한 기독교인들은 여러 갈래의 비밀 통로를 만들어 도피처로 삼았다.

그러나 베드로동굴교회 앞에서 바울의 흔적보다 먼저 만난 것은 예닐곱 살의 자그마한 아이들이다. 아이들은 해맑은 미소를 지으며 예쁘게 묶은 들꽃 한 다발을 사달라고 했다. 화사한 들꽃에 마음이 빼앗겨 쉽게 사든 들꽃은 아마도 오늘 바울에게 바쳐질 것이다.

산기슭에 위치한 베드로동굴교회는 초대 안디옥 성도들이 모였던 장소였다. 초기에는 동굴교회였으나 십자군에 의해 발견되어 지금의 석조

형태를 띠게 되었다. 동굴 안 제단 위쪽에는 베드로의 동상이 서 있는데 한쪽에는 천국의 열쇠를, 또 한쪽에는 두루마리 성서를 들고 있다. 치료의 효능이 있다고 알려진 약수는 제단 오른쪽에서 아직도 맑은 물을 뿜어낸다. 그리고 곳곳에는 도피처로 사용했던 굴이 산과 연결되어 있다.

바울은 이 가파르고 비좁은 동굴에서 박해를 피해 복음을 전하며 이 또한 하나님의 축복이라 여겼을 것이다. 조용히 묵상하며 베드로 동굴교회를 빠져나오자 터키 지역에서 사역하고 있는 박 간사가 조용히 말문을 연다.

"바울이 이 지역을 선교 여행의 출발점으로 삼은 이유 중의 또 하나는 이교도들이 많았기 때문이었습니다. 당시 이곳은 시리아, 터키, 그리스 등 유럽과 아시아까지 연결되는 교통의 중심지였으니까요. 해로와 육로가 모두 사통팔달로 발달해 있으니 선교 여행의 중심으로 잡기에는 더할 나위 없이 좋은 곳이 아니었겠어요."

바울은 교리나 율법에 얽매이지 않고, 예수 그리스도만 믿고 따르면 구원을 받을 수 있다는 설교로 이방인들에게 접근했다. 그 덕분에 안디옥에서 시작된 선교는 터키와 그리스는 물론 유럽 전역으로 퍼져 나갔다. 로마의 혹독한 박해에도 믿는 사람의 수와 교회가 기하급수적으로 늘어났다.

"나와 같은 선교사들은 바울의 선교 전략이 무엇보다 가장 큰 도움이 됩니다. 강요하거나 따지지 않으면서 예수님의 품에 안기게 하는 것,

산기슭에 위치한 베드로동굴교회는
초대 안디옥 성도들이 모였던 장소다.

그것이 바로 바울이 가진 능력이었다고 할 수 있지요. 그만큼 바울은 예수님에 대한 확신이 있었던 것이죠."

박 간사는 바울은 실제로 목숨을 걸었고, 자신도 목숨을 건다는 각오로 선교한다고 했다.

바울이 행한 선교 방법 중 하나는 '율법이 있는 자에게는 율법이 있는 자 같이, 없는 자에게는 없는 자 같이 한다'는 것이다. 이는 차별화하지 않고 접근함을, 또 상대방에게 거부감을 주는 선교방법은 좋지 않음을 의미한다.

선교는 이처럼 매순간이 조심스럽고 많은 기도를 필요로 한다. 그리고 하나님께서 주신 복되고 선한 사명을 이루기 위해서는 감당해야 할 무게가 결코 녹록지 않다. 이 순간, 세상의 모든 목회자와 선교사들에게 새삼 감사한 마음이 드는 것은 바로 그 때문이다.

인종의 용광로, 비시디아 안디옥

바울의 사역지 중에서 안디옥이라는 명칭이 두 군데 나오는데 그 중 하나가 앞에서 말한 안타키아 안디옥Antakya Antioch이고, 또 하나는 비시디아 안디옥Pisidia Antioch이다.

당시 이방 선교의 문을 열었던 비시디아 안디옥은 비시디아 지방의 수도로 유대인, 헬라인 등의 이방인들이 혼재되어 살던 대도시였다. 오늘날 얄바츠Yalvac라고 불리는 터키의 조그만 도시가 바로 이곳이다. 이곳에 남긴 바울의 흔적은 해발 100미터의 고원지대에 몇 개의 유적으로만 남아 있을 뿐이다. 그 중에는 비잔틴 시대의 것으로 추정되는 바울기념교회도 포함되어 있다.

터키 정부는 기독교에 대해 노골적인 박해를 하지는 않지만 기독교 유적지에 많은 신경을 써주지는 않는 듯하다. 발굴 작업을 해준 것만으로도 다행스럽게 여겨야 할 정도로 말이다.

바울 선교의 전략 중 하나는 '거점도시 건설'이라고 할 수 있다. 정치, 경제, 사회적으로 파급 효과가 큰 지역을 거점 도시로 삼고 그 지역을 중심으로 주변 지역의 전도에 나섰다. 지금 남아 있는 당시 교회들이 바로 거점 도시의 흔적이다.

예루살렘으로부터 먼 이곳도 율법학자와 고위직 유대인들에 의해 지

배되었었다. 그러나 로마군의 무서운 눈초리에도 이곳에서 바울은 유대인들의 정통성에 정면으로 도전장을 던졌다.

바울이 특히 더 유대 율법학자들의 미움을 산 것은 '할례'를 무시해서였다. 오늘날도 마찬가지지만 유대인에게 있어서 할례는 하나님께 선택받은 민족과 이민족을 가르는 중요한 기준이다. 그것을 무시하고 정면 도전했으니 정통 유대주의자들이 받은 놀라움과 분노가 오죽했으리.

유대인들은 물론 수많은 이방인이 하나님의 말씀을 듣고 따르기 위해 바울이 있는 이곳으로 몰려들었다. 그러나 결국 유대인 권력자들에 의해 쫓겨났으니, 타성에 젖은 오랜 율법과 관습을 고치거나 버리는 일이 얼마나 어려운지 짐작되고도 남는다.

사람이 의롭게 되는 것은 율법의 행위로만 말미암음이 아니요 오직 예수 그리스도를 믿음으로 말미암는 줄 알므로 우리도 그리스도 예수를 믿나니 이는 우리가 율법의 행위로써가 아니고 그리스도를 믿음으로써 의롭다 함을 얻으려 함이라 율법의 행위로써는 의롭다 함을 얻을 육체가 없느니라(갈 2:16).

구원은 율법이 아닌 진정한 믿음이라고 여긴 바울. 그것은 오늘날 기독교가 세계의 종교로 발전할 수 있는 근간이 되었다. 해서 바울의 복음은 우리에게 온전한 믿음에 대해 다시 한 번 생각하게 한다.

신화 위에 올려진 기독교, 그리스

수많은 신전을 만들면서도 혹시라도 빼놓은 신으로부터 노여움을 살까 싶어 '알지 못하는 신에게'라고 새긴 신전까지 만든 나라 그리스.

바울이 에게해Aegean Sea를 건넜을 당시 그리스Greece는 인간이 접하는 모든 사물과 현상 속에 신과 정령이 깃들어 있다고 믿던 때였다. 바울은 복음을 통해 제우스를 비롯한 올림푸스산Olympus Mt.의 여러 신을 신화 속에 묻어버리고 하나님의 존재를 세웠다. 그리고 아시아의 작은 마을에서 시작된 바울의 복음은 유럽 전역으로 뻗어나갔다.

그리스의 종교는 크게 개신교, 정교회 그리고 가톨릭으로 나눠지는데, 인구의 90퍼센트가 정교회다. 그리스인들 대부분은 태어나자마자 교회에서 유아세례를 받으며 국민 대다수가 믿음 생활을 하고 있다. 또한 초대 교회가 추구했던 교회의 모습을 볼 수 있는 곳이기도 하다. 바울이 복음을 전파한 이후 그리스는 지난 2천 년 동안 기독교 관습을 따랐다.

황량한 지역을 건너온 순례자들은 그리스에 이르면 비로소 긴장했던 마음과 몸을 푸는 동시에 남쪽의 푸르고 하얀 섬 산토리니에서 낭만적인 하룻밤을 계획하거나 꿈꾼다.

  그리고 바울이 많은 사람 앞에서 하나님의 복음을 전했던 아레오바고 Areopagus 언덕을 오르는 것도 잊지 않는다. 순례자들은 그곳에서 웅장한 신전을 이용하여 재치와 호소력 있게 연설하는 바울을 떠올리며, 아직 복음이 스미지 못한 이 땅의 모든 곳을 위해 기도드린다.

바울은 이곳 아레오바고 언덕에서
많은 사람에게 복음을 전했다.

유럽으로 간 바울, 네압볼리와 빌립보

바울은 유럽의 전도 여행을 위해 에게해를 건너 자그마한 항구 도시 네압볼리Neopolis에 발을 디뎠다. 바울의 첫 유럽 기착지다.

항구 앞 바울기념교회에는 바울의 도착 기념성화가 그려져 있는데, 당시 네압볼리의 풍경과 삶도 엿보인다. 당시 이곳의 항구는 동서양을 지나는 뱃길이었으며 육로는 로마와 연결된 교통의 요지였다. 이방인의 선교는 그 두 길을 통해 세계로 흘러들었다.

그리스에서 바울의 복음 전파는 주로 아테네와 같은 대도시를 중심으로 이루어졌다. 당시 헬레니즘 문화가 발달했던 대도시에는 언제나 많은 이방인들이 모여들었기 때문이다. 그것은 바울이 복음을 세계로 펼쳐나갈 수 있는 좋은 기회가 되었다.

빌립보교회Church of Philippi는 바울이 세운 유럽 최초의 교회로 바울의 각별한 사랑이 녹아있는 곳이다. 그런데 안타깝게도 공사중이라 촬영이 금지되어 있었다. 바울의 전도 여정에서 중요한 의미를 지닌 이곳의 모습을 다큐멘터리에서 꼭 보여주고자 했지만, 여러 번의 설득에도 결국 그리스 당국의 허락을 얻지 못했다. 결국 근접촬영은 포기하고 먼발치에서 촬영할 수 밖에 없었는데 뜻밖에도 결과물이 기대 이상 좋았다.

현재 빌립보에 남아있는 것은 바울 시대의 원형경기장 밖에 없지만 그리스인들의 과거에 대한 사랑을 엿볼 수 있다. 그리고 바울과 교인들의 아름다운 이야기 한 자락이 2천 년의 세월을 넘어 전해져 오고 있다.

바울이 복음을 전하고자 찾은 유대교 회당에서 곧바로 감금되었는데, 그 소식을 들은 빌립보 교인들은 에바브로디도^{Epaphroditus}를 대표로 위안의 선물을 보냈다. 그런데 에바브로디도가 병으로 죽을 고비에 이르렀다가 회복했다는 소식을 접한 바울은 정감 어린 서신을 보내 자신이 위로받았던 것처럼 그를 위로했다.

갈수록 정을 잃어가는 우리에게 이 이야기는 지금의 삶을 다시 한 번 돌아보게 한다.

데살로니가의 집시선교

아테네에서 출발하여 데살로니가(Thessalonica, 테살로니키)공항에 도착하니, 공항 내 대규모의 환영 인파로 북새통을 이룬다. 경비도 삼엄하다. 그리스의 한 고위 정치인이 오늘 공항을 이용해서란다. 비행기도 한 시간이나 연착이다. 아무리 그래도 그렇지 연착은 좀 심하다 싶은데, 공항 측에서 호텔을 내줄 테니 하룻밤 자고 내일 탑승하란다.

우리에게 '다음'이나 '다음날'은 허용되지 않는다. 거기에 따르는 시간적, 비용적 부담이 크기 때문이다. 결국 끝까지 안 된다고 버티자 궁여지책으로 정치인이 탄 비행기에 우리를 합승시켜 주었다. 공항 측과 실랑이를 벌이느라 힘은 들었지만, 덕분에 편하고 빠르게 데살로니가 공항에 도착한 우리를 반겨 준 것은 집시들을 대상으로 선교활동을 펴고 있는 김수길 목사다. 집시선교라는 특이한 점 때문이었는지 김 목사의 차에 오르자마자 궁금한 것들을 물어보기 시작했다.

"어떻게 집시들을 대상으로 선교사역을 하실 생각을 하셨어요."

"특별한 것은 없어요. 요즘 들어 정착생활을 하는 집시들이 많이 늘고 있어요. 그래서 집시들을 중심으로 선교활동을 해보면 어떨까 생각을 한 것이죠."

틀에 박힌 신앙생활보다는 믿음 그 자체에
중점을 두니까 조금씩 마음을 움직이더군요
역시 이방 선교에서는 바울의 길을
따라가는 게 큰 도움이 되는 것 같아요

데살로니가 지역의 집시는 주로 그리스 북쪽의 알바니아 출신들이라고 한다. 슬로베니아Slovenia와 크로아티아Croatia 등의 분쟁이 격화되면서 그리스 쪽으로 많이 내려왔기 때문이다.

"일반인 전도와 크게 다른 점이 있나요?"
"예, 조금 달라요. '유랑생활'이 몸에 배어 있어 신앙생활을 거추장스럽게 여기는 사람들이 많거든요. 그래서 저도 바울이 그랬던 것처럼 교리나 율법이 아니라 하나님과 예수님에 대한 '믿음'만 있으면 얼마든지 그리스도인이 될 수 있다는 것을 강조하면서 접근하고 있어요. 틀에 박힌 신앙생활보다는 '믿음' 그 자체에 중점을 두니까 조금씩 마음을 움직이더군요. 역시 이방 선교에서는 바울의 길을 따라가는 게 큰 도움이 되는 것 같아요."

김 목사는 바울의 길을 더듬어 오면서 그의 선교가 정말 위대했었음을 거듭 깨닫게 된다고 한다.

하나님에 대한 곧은 믿음과 성품으로 좋은 본보기가 되고 있는 김 목사가 지난해 동유럽 선교사회 신임 회장으로 선출되었다는 소식을 언론을 통해 전해 들었다. 그 소식을 뉴스로 접하면서 바울이 겹쳐 생각났던 것은 왜일까? 어려운 사역지에서 자신보다 그리스도를 먼저 생각하는 김 목사의 따뜻한 마음과 뜨거운 열정 때문일 것이다. 바울 사역지에서 만난 한 목회자의 삶이 바울의 뜨거웠던 선교를 다시 한 번 떠올리게 한다.

바울의 두 번째 전도여행,
고린도 사도바울기념교회

한 도시의 쇠락은 침략에 의하기도 하지만, 퇴폐적인 윤리가 이유가 되기도 한다. 고린도$^{Corinth, 코린토스}$가 바로 그러한 곳이며 바울은 이곳에서 1년 6개월 동안 머물며 사역을 펼쳤다.

교우들이 안고 있는 신앙적 문제를 구체적이고 목회적인 방법으로 전하기 위해 썼던 고린도 서신은 지금까지 확고한 믿음을 구하는 이들에게 지혜서가 되고 있다.

그러나 율법보다 믿음을 먼저 생각한 바울의 이방 선교는 유대인들의 반발을 불러왔고, 핍박 속에서 교회 대신 이집저집 돌며 예배를 드려야 했다. 유대인들과의 갈등은 바울이 죽을 때까지 계속되었으며 그동안 행해진 바울의 기적과 치유도 수없이 많았다. 고린도교회 존 루소스 목사는 그것에 대해 아름답고 따뜻하게 표현했다.

"초대 교회에서는 많은 기적과 치유가 있었습니다. 사도 바울의 서신을 보면 고린도교회가 얼마나 아름다운 모습이었는지 잘 그려져 있습니다."

고린도는 바울의 2차 전도여행의 회귀점이자 그리스에서 세 번째로

고린토 운하는 로마 황제 네로가 6천 명의 유대인 포로를 동원하여 공사에 착수했으나 완공하지 못했다고 전해진다.

교회를 세운 거점 도시다. 그리고 2차 전도여행 기간의 대부분을 이곳에서 보냈을 만큼 오래 머물며 이방인을 위한 선교를 본격적으로 실시했다.

바울이 머물 당시 고린도는 그리스에서 가장 활발한 상업 중심지 중의 하나였다고 한다. 서쪽의 이오니아해Ionian Sea로 향하는 레카이온Lecaion항구와 동쪽의 에게해로 나가는 겐그레아Cenchrea 항구를 함께 품고 있었기 때문이다.

지금의 코린트는 예전 고린도에서 조금 떨어진 신도시를 말한다. 바울이 고린도 목회를 기념하기 위해 세워진 사도바울기념교회는 바로 그곳에 세워져 있는데, 실제 바울이 18개월 동안 복음전파를 했던 곳은 구 고린도라고 전해진다.

사도바울기념교회는 다른 교회들에 비해 현대적으로 화려한 편이다. 교회 왼쪽은 베드로 사도, 오른쪽은 바울 사도의 모자이크가 있고, 교회 입구 우측면에는 대리석 판에 흔히들 사랑장이라 부르는 고린도전서 13장의 1~8절까지 말씀이 헬라어로 기록되어 있다.

그리고 사도바울기념교회에서는 역대 담임목사 명단 제일 첫머리에 바울의 이름을 올려놓았다. 역경에도 굴하지 않고 복음을 전했던 바울을 기리기 위한 것이다. 바울의 헬라식 이름 위로 위대한 사도 바울이 웃음짓고 있는 것처럼 느껴졌는데, 그 상상의 순간이 매우 행복했다.

바울의 마지막 여정, 로마

예루살렘으로 돌아가려는 계획을 포기하고 바울이 선택한 땅은 그의 마지막 자리 '로마'였다. 아직 하나님의 말씀이 전해지지 않은 로마는 바울에게 새로운 복음의 땅이었다. 바울이 로마에 쉽게 올 수 있었던 이유를 말해 준 것은 독일 훔볼트대학교 Humboldt University 브라이텐 바흐 교수다.

"바울은 이미 태어날 때부터 로마 시민권을 갖고 있었습니다. 그의 부모가 성공한 사람들이었으므로 가능한 일이었지요. 많은 돈을 주면서까지 로마 시민권을 사려고 했던 시대였으니까요."

당시 로마는 로마인뿐 아니라 유대인 등 전 세계인의 문화 중심지였다. 그 틈바구니에서 전도에 나선 바울은 여러 번 투옥되고 풀려났다가 결국 목이 잘리는 참수형에 처해졌다. 바울의 나이 예순여섯, 마지막 숨을 거두며 한 말은 '아, 예수여!'였다고 한다. 유대인들의 율법과 역사를 줄줄이 외웠던 총명한 소년은 그렇게 하나님의 품으로 돌아간 것이다.

죄수의 신분으로 로마에서 허락된 바울의 삶은 단 2년이었다. 위험

인물이 아니라는 판단 하에 고대 로마 시대 지하 감옥인 마메르띠노 Mamertinum를 벗어난 바울이 셋집을 얻어 살면서 서신으로 전파한 복음은 모두 13권이었다. 신약성서 27권 중 절반 정도가 바울이 전한 복음인 셈이다. 그리고 그 복음의 기록들은 로마 초대 교회에서 대를 이어 읽혀 왔고 오늘날 기독교의 성서로 자리 잡아 오고 있다.

바울이 온 이태를 자기 셋집에 머물면서 자기에게 오는 사람을 다 영접하고 하나님 나라를 전파하며 주 예수 그리스도에 관한 모든 것을 담대하게 거침없이 가르치더라(행 28:30~31).

바울의 험난했던 인생 여정은 로마에 의해 죽은 예수님의 종교를 합법적인 종교로 인정토록 하는데 영향을 주었다. 또 기독교를 인종과 계급을 뛰어넘은 열린 종교로 세계화시켰고, 급속도로 퍼져 나가게 했다. 결국 기독교가 로마를 통하게 한 것이다. 이는 예수님이 말씀하신 자유와 평등의 메시지를 믿음으로 전도하여 가능한 일이었다.

사도 바울의 흔적은 그의 인생 역정과 너무도 닮았다. 너무 넓게, 고루, 곳곳에 흩어져 있어 그의 흔적을 더듬는 일이 도무지 쉽지 않다. 그러나 스치는 자리마다 믿음을 더욱 바로 세워 주었고, 이방인의 빛이 얼마나 눈부신가를 알게 해주었다. 어쩌면 오늘 우리가 본 빛이, 2천년 전 바울이 빛 가운데 예수님을 보았던 그 빛은 아니었을까.

바울의 나이 예순여섯,
마지막 숨을 거두며 한 말은
'아, 예수여!' 였다고 한다

06 Continue Rome & Greece
생존의 초기 기독교

길 위의 여행자는 아름다운 것만 볼 수 없는 것,
오늘 우리는 아름다운 시간에 가려진
울퉁불퉁한 길 위에서 숨을 쉬고 말을 한다.
시간의 푸른 그늘 뒤에 있다고 해서 잊히지 않는 것,
오늘 우리는 칼날 같은 길 위에서 고난했던
지난 세월의 바람과 마주한다.
모든 것이 희망이어라.

죽음으로 맞는 안식, 피의 박해

고전 음악이 가장 융성했던 낭만의 도시, 독일의 미학자 요한 빙켈만$^{J.J\ winckelmann}$이 '온 세계를 위한 위대한 학교'라고 말했을 만큼 찬란한 문화예술이 꽃핀 도시 로마^{Rome}. 그러나 그러한 것들을 걷어낸 로마는 기독교에 대한 박해가 가장 심했던 곳이다.

바울이 순교한 이후 250여 년간 로마 곳곳에 피로 물들인 기독교 박해 현장은 상상을 초월할 정도로 끔찍했었다. '인육을 먹는 사람들', '피를 마시는 의식을 하고 근친상간을 하는 자들'로 표현된 기독교인들에게 가해진 갖가지 고문의 도구들과 섬뜩한 사형 방법들. 영화『쿼바디스 도미네』를 보면 당시 박해가 얼마나 혹독했는가를 알 수 있다.

역사가 유세비우스^{Eusebius}가 기록한《교회사》에도 박해의 상황이 상세히 기록되어 있는데 단 몇 줄을 읽는 것만으로도 살이 떨린다.

황제는 그의 옷을 벗겨 공중에 매달고 — 이미 그의 살이 찢겨져 뼈가 드러났는데도 식초에 소금을 섞어 그의 짓이겨진 몸에 부었다. 고문하는 형리들은 이 고통이 끝나 그가 마지막 숨을 쉬게 될 때까지 계속 떠나지 않고, 그의 곁에서 자신의 임무를 완수해야 했다.

고문은 너무도 잔인하여 고문을 담당하는 형리들조차 괴로워할 정도였으며 순교를 택한 이들의 자녀들은 노예로 팔려갔다. 그리고 기독교인들은 기독교와 관련된 어떠한 말도 모임도 가질 수 없었다. 비밀리에 행해진 모든 예배는 목숨을 담보로 걸어야 했다. 고문을 견디다 못해 결국 기독교를 등진 이들도 있었다. 박해자들에게 편안한 안식이란 곧 죽음과 마찬가지였던 것이다.

그렇다면 로마에게 기독교는 무엇이었으며 기독교인들은 왜 그토록 박해를 받아야 했을까. 그리고 그렇게 탄압받던 기독교가 어떻게 로마 제국에서 합법적인 종교가 될 수 있었을까.

기원전 2천 년 경의 것으로 보이는 낙서는 기독교인들에 대한 로마인들의 비하가 담겨 있다.

로마 속의 기독교 역사

기독교가 전파되기 전 로마의 종교는 다신교였다. 그리스 신화에 나오는 제우스, 헤라와 같은 신들이다. 그리고 황제는 신과 인간을 연결해주는 중간자였다. 반면 기독교는 오로지 하나님을 섬기는 유일신 종교였다. 자신을 누구도 건드릴 수 없을 만큼 신성한 존재라고 여겼던 황제에게 모든 인간은 평등하며, 하나님만 구원의 주체라고 하는 기독교적인 사상은 당연히 도저히 용납될 수 없었을 것이다.

기독교에 대한 박해가 극에 달한 것은 네로 황제 시대에 발생한 로마 대화재 사건 때였다. 네로 황제는 대화재로 자신의 처지가 난처해지자 속죄양이 필요했고, 그 속죄양으로 로마 안에 있는 기독교인들을 택했다. 재정 로마시대의 역사가 타키투스Publius Cornelius Tacitus의 《연대기》에 이에 대해 상세히 기록되어 있다.

네로는 자신에 대한 소문을 종지부 찍고자 방화범들을 조작하고 극형으로 다스리게 했다. 이들은 온갖 추행을 저질러 미움을 산 사람들인데, 민중은 이들을 기독교인이라고 불렀다. 기독교인이란 명칭은 티베리우스 치세 때 본디오 빌라도 총독에 의해 처형 당한 그리스도에게서 비롯된다.

이 밖에도 기독교인들에 대한 당시의 부정적인 인식은 다른 역사서에서도 쉽게 볼 수 있다. 그만큼 박해가 혹독하고 대단했다는 증거일 것이다.

당시 우상숭배로 가득 차 있었던 로마는 이방인들과의 접촉을 꺼렸다. 따라서 기독교인들과 유대인들을 몹시 싫어했다. 유대인들은 특정한 부류로 공인되어 건드릴 수 없었으므로 기독교인들이 그 대상이 되었던 것이다. 그것은 기독교인들에 대한 혐오감이나 다름없었.

이후 기독교인들은 개들에 의해 갈기갈기 찢기기도 하고, 실오라기 하나 걸치지 못한 맨몸으로 십자가에 못 박혔으며, 밤에 빛을 밝히기 위해 횃불 대신 태워지는 등 생각만으로 끔찍한 박해의 시련을 견뎌내야 했다. 그러나 그럼에도 로마의 끔찍한 박해는 기독교인들의 믿음을 꺾지 못했다. 오히려 기독교인의 수는 점점 더 늘어갔다.

기독교가 합법적인 종교가 된 것은 서기 313년 콘스탄티누스 Constantinus 황제에 이르러서였다. 콘스탄티누스 황제가 전투에서 불리한 상황에 부닥치게 된 순간 십자가의 환상을 보고 승리하게 된다. 이후 콘스탄티누스 황제는 기독교의 유일신 사상을 역으로 이용하여 오직 하나뿐인 존엄한 황제로 자리를 굳히고, 밀라노 칙령을 발표함으로써 기독교를 정식 인정한다.

모진 박해와 시련 속에서도 초기 기독교인들은 그들의 생명줄인 믿음의 끈을 절대 놓지 않았다. 이스라엘의 작은 마을 갈릴리에서부터 시작된 예수님의 가르침은 순교자들의 피와 기도를 통해 결국 로마 제국을 사랑으로 물들이게 한 것이다.

오락이 된 순교,
콜로세움과 대전차경기장

오후의 나른함과 평화로움이 느껴지는 한여름의 로마 도시 한편에 세워진 거대한 원형 경기장 콜로세움 Colosseum. 로마 시민의 결속을 다지기 위해 오락을 제공했던 곳으로 로마의 자랑이자 유산이다. 그러나 기독교인들에게는 박해와 순교의 상징인 곳이다.

사람들은 로마 시민의 오락거리로 죽어간 것을 두고 세계에서 그 유례를 찾아보기 어려운 종교 박해였다고 말한다. 지금은 건축학적, 문학적, 역사적인 기록이 더 큰 비중을 차지하는 콜로세움은 그 어디에도 당시의 흔적을 찾아볼 수 없으며, 로마의 대화재를 기독교인들의 탓으로 돌려 통치권을 회복하고자 했던 폭군 네로의 목소리도 들리지 않는다.

콜로세움 남쪽 팔라티노 Palatino 언덕의 대전차경기장 Circo Massimo. 기독교인들에 대한 처형이 콜로세움보다 더 대규모로 이루어졌던 곳이다. 영화 『벤허』의 무대이기도 한 이곳에서 기독교인들은 어떤 날은 사자의 밥이 되어, 또 어떤 날은 전차 바퀴에 깔리거나 검투사들의 창검에 찔려서 처참하게 죽어갔다. 로젠 발데제 신학대 마틴 헤르젤 교수는 당시의 순교자들의 수를 정확히 헤아릴 수 없다고 한다.

로마의 자랑이자 유산인 콜로세움은 기독교인에게는 박해와 순교의 상징인 곳이다.

"기독교인들의 수가 초기에는 몇천 명 정도였으나 2세기 무렵에는 수만 명으로 늘어났습니다. 교인들의 수가 늘수록 순교자도 많아졌지요. 결국 3세기 말에는 순교자 수가 수만 명이 넘어섰다고 합니다."

박해를 받던 이들에게 기독교란 무엇을 의미했으며 그들은 또 무엇을 위해 박해를 견뎠을까. '나와 복음 때문에 목숨을 잃는 사람은 목숨을 구할 것이다'라고 하신 하나님의 말씀에 깃든 영원한 구원의 약속 때문은 아니었을까.

예수님이 그랬듯이 자신의 십자가를 기꺼이 진 수많은 순교자를 떠올리면 우리의 신앙은 왜 이리도 깃털처럼 가벼운지……. 그리고 우리는 과연 어떠한 희생과 순교로 하나님 땅의 백성이 될 수 있을지…….

"이제 제발 그만 찾아와 주십시오!"

　　　　　　콜로세움을 보고자 몰려든 세계 여행자들로 인해 겨우 입장해서 촬영하고 있는데 건너편 포로 로마노^{Foro Romano} 촬영을 맡은 연출 B팀의 코디네이터 표정범 집사로부터 연락이 왔다. 지금 이곳의 촬영 상황이 좋지 않으니 빨리 와 달라는 것이다. 급하게 촬영을 접고 달려가니 한 무리의 사람들이 모여 실랑이를 하는 모습이 보인다. 바로 연출 B팀과 표정범 집사다.

　상황인즉슨, ENG 카메라로 촬영하다가 로마 문화재청 관리들에게 제재를 당한 것이다. 포로 로마노는 내부 ENG 촬영이 전면 금지되어 있을 뿐 아니라 만약 촬영을 하려면 사전에 미리 허락을 받아야 하고 촬영비용도 내야 한다는 것이다. 이 무슨 청천벽력 같은 소리인가? 급기야 문화재청 사무실로 일행 모두가 끌려 들어가 문초를 당하는 지경까지 이르렀다

　워낙 이런 일을 여러 번 겪어서인지 사실 긴장은 그리되지 않았다. 담담하게 미안하다는 말로 마무리 짓고 일어서려는데 못 가게 막는다. 그리고는 자기들이 보는 앞에서 촬영한 테이프를 완전히 지우라는 것이다. 그렇지 않으면 이탈리아를 떠날 수 없다고 으름장까지 놓는다. 어떻게든 촬영 테이프를 살려보려고 애를 썼으나 허사로 돌아갔고, 결국

다 지운 것을 확인한 뒤에야 풀려날 수 있었다. 아쉬운 대로 휴대용 6미리 카메라로 다시 촬영을 할 수밖에 없었다.

그동안 많은 나라를 다녀 보았지만, 이탈리아만큼 문화재를 철저하게 관리하는 곳도 없지 않나 싶다. 이탈리아가 문화대국인 것은 문화재가 많아서가 아니다. 문화재를 살피고 관리하는 비용이 대단하다고 할 만큼 소중히 보호하고 보존하기 때문이다. 그런데 최근 이탈리아는 세계 유수의 신문에 다음과 같은 광고를 냈다.

"지구촌 관광객 여러분 제발 이탈리아를 그만 찾아와 주십시오."

제발 그만 와달라고 사정할 만큼 전 세계의 수많은 사람이 찾는 곳이 바로 이탈리아다. 꽉 짜여진 일정과 비용으로 촬영 임무를 완수해야 하는 우리에게 관광지는 사실 편안한 촬영지는 아니다. 그래서 이럴 때면 언제 가도 협조가 잘되는 한적한 시골 마을이 그리워진다.

이탈리아가 문화대국인 것은
문화재를 살피고 관리하는 비용이 대단하다고
할 만큼 소중히 보호하고 보존하기 때문이다

산 자와 죽은 자의 지하도시,
카타콤베 & 데린쿠유

　　　　　　복잡한 로마 시내를 빠져나와 한적한 시골길을 한참 달려 이른 곳은 박해받던 초기 기독교인들이 죽어 묻힌 지하무덤 '산 칼리스토 카타콤베 Catacombe di San Callisto'. 그러나 마침 점심때라 문은 굳게 잠겨 있었고 관리자의 모습도 보이지 않는다.
　갑자기 흐려진 날씨 탓일까. 빈센트 반 고흐의 그림에 등장하는 사이프러스 Cypresses 나무들이 양쪽으로 늘어선 길들의 풍경이 너무도 을씨년스럽다. 우리나라에서는 측백나무 혹은 편백나무로 불리는 이 나무는 이곳에서 '죽음'을 상징한다. 사이프러스 나무가 죽음을 상징하게 된 것은 잎도 어두운 편이고, 한 번 자르면 그 뿌리에서 다시는 싹이 돋아나지 않기 때문이다. 고흐의 그림에서 하늘을 향해 절규하는 것처럼 보이는 이유도 여기에서 연유한다.

　문이 열리기 전까지 한참을 기다린 끝에 앞서 간 신앙의 선배들을 만나러 지하무덤으로 들어가는 길, 긴장되는 마음 한편에 설렘도 있다. 그들의 삶은 피로 물들었지만 하나님의 백성으로 영원한 천국의 삶을 얻었음이다. 지하무덤 입구에서 가장 먼저 눈에 들어온 것은 고대 그리스도인을 상징하는 문자가 쓰인 물고기 문양이다. 익투스 ICHTHUS 라고 하는 물고기 문양은 로마의 핍박을 피해 이곳으로 숨어들었던 초기 기독교인들이 신자임을 알아보기 위한 암호로 쓰여졌다고 한다.

기독교인들의 자동차나 집에서 간혹 볼 수 있는 물고기 문양은 바로 이곳에서 비롯되었다고 하는데, 그것을 직접 보니 감개가 무량하다. 운전할 때마다 물고기 문양이 붙여진 자동차를 보게 되면 나도 모르게 반갑고 안전거리를 두게 되는데, 이곳에서 돌아가고 나서는 더욱 그럴 듯싶다.

로마 시대에는 죽은 사람을 로마 성 안에 묻을 수가 없었다. 때문에 로마 외곽지대에 산 칼리스토 카타콤베가 형성된 것인데, 다른 대안이 없었던 기독교인들은 몰래 이곳에 순교자들을 매장했다. 그리고 좁고 어둡고 복잡한 지하무덤은 시간이 흐르면서 은신의 장소로 바뀌어 갔다. 산 자와 죽은 자가 공유하는 공간. 때론 미로 같은 길에서 길을 잃어 죽는 이들도 있었다.

성자 칼리스토의 이름에서 비롯된 산 칼리스토 카타콤베 안에는 당시 예배실과 부속실까지 갖추어져 있었다고 한다. 최근 습도 조절이 정상적으로 되지 않아 점점 그 훼손이 커지고 있다고 하니 걱정이 앞선다.

산 칼리스토 카타콤베와 같은 곳이 터키 중부의 카파도키아 Cappadocia 에도 존재한다. '깊은 우물'이라는 뜻을 지닌 지하동굴도시 데린쿠유 Derinkuyu 역시 기독교인들이 박해를 피해 숨어들었던 곳이다. 카파도키아는 당시 교통과 경제적으로 매우 중요한 지역이었다. 그 때문에 초대교회 시기에 기독교화가 가장 많이 진행될 수 있었다. 따라서 기독교인들의 수도 많았다.

(위) 카파도키아 지하동굴도시
데린쿠유 내부에 그려진 벽화.
(아래) '익투스'로 불리는 물고기 문양은
초기 크리스천을 상징한다.

깊이 120미터, 8층까지 땅속으로 내려간 데린쿠유에서는 동굴을 파서 십자가 모양의 교회를 세웠다. 외부의 침입을 막기 위한 방어시설을 비롯해 환기시설, 교회와 기도소, 고해소와 세례터, 학교와 병원, 식량창고와 저장고, 비밀 통로와 바위문 등 생활에 필요한 모든 것도 갖추었다. 이와 같은 지하동굴은 수십 개가 연결되어 거대한 지하도시를 이루었다. 허리 한 번 펴지 못하고 낮게 걸어야만 했던 지하도시는 초기 기독교인들의 삶을 유일하게 지켜 준 생명의 자리였던 것이다.

카파도키아의 또 다른 기독교 밀집 지역인 괴레메^{Goreme}. '보이지 않는'이라는 뜻을 지닌 이곳 역시 기독교인들의 은신처였던 곳으로 기독교 인구가 최대 7만 명에까지 이르렀다고 한다. 괴레메 동굴들은 소아시아 시리아 북부를 무대로 살던 민족인 히타이트^{Hittite}, 힛타이트족이 주변국의 침입을 피해 숨어살던 곳이다.

괴레메 역시 기독교인에게는 아픈 성지이지만 지금까지 거쳐 온 다른 성지들처럼 모슬렘이 땅을 차지하고 살아간다. 우뚝우뚝 솟은 돌들을 보면 대자연을 만드신 하나님의 신비를 다시 한 번 깨닫게 된다.

땅 속 깊이 숨는 것 외에 다른 방법이 없었던 초기 기독교인들. 신앙을 위해 모든 것을 희생하고 순교할 각오가 되어 있었던 그들이 보여준 강인한 믿음의 현장들은 아직도 선연한 흔적으로 남아 가슴을 아프게 한다. 신앙의 선배들이 목숨과 맞바꿔가며 지키려고 했던 숭고한 믿음 앞에서 우리는 과연 무엇을 할 수 있을 것인가. 이 물음에 대한 대답은 이미 하나님 말씀 안에 녹아 있으니 수시로 꺼내 되새겨 볼 일이다.

에클레시아, 우리가 초대 교회로
돌아가야 하는 까닭은?

그리스 제2의 북부 항구 도시 데살로니가. 로마 시대의 중요한 군사이자 상업 지역인 이곳은 사도 바울의 첫 서신인 '데살로니가 전후서'의 배경이 된 곳이다. 데살로니가서에는 이 지역 교인들의 모범적인 신앙생활의 감사 내용이 담겨 있다.

데살로니가인의 교회에 편지하노니 은혜와 평강이 너희에게 있을지어다(살전 1:1).

그리스를 중심으로 한 지중해 지역에는 데살로니가 이외에도 빌립보, 고린도 등 바울이 전도한 초대 교회들이 산재되어 있다. 때문에 그 어느 지역보다 초대 교회의 정신을 찾아보기에 좋은 곳이며 그리스어인 헬라어로 쓰인 최초의 신약성서도 볼 수 있다. 그런데 그 성서에서 '에클레시아 Ecclesia'라는 원어가 유독 눈길을 끈다. 헬라 언어학자 크리데서 크리스토스 교수가 그 뜻을 해석해 주었다.

"'에크'는 '어디서'라는 전치사로 '부르다'는 뜻을 지닌 '칼레오'와 합쳐

진 말입니다. 에클레시아는 고대의 민회와 시민 사이에서 '모임'이라는 의미로 사용되었고, 후대로 이어지면서 교회 단체와 건물까지도 지칭하는 말로 바뀌었습니다."

데살로니가 시내, 전통적인 그리스정교회를 탈피하여 초대 교회의 모습을 지향하는 비블리띠끼교회를 찾았다. 비블리띠기교회의 신도 수는 모두 합쳐 30여 명 남짓. 이들은 형식보다 마음을 담아 진심으로 하나님을 찬양하고 기도한다. 모임을 이끄는 안토니오 디모데 목사는 초대 교회에 대해 다음과 같이 설명한다.

"초기 기독교의 교회는 특별한 성전이나 별도의 넓은 공간이 없었습니다. 신도들의 집에 모여 예배를 올리고 말씀을 나누었지요. 우리는 그것이 올바른 교회라고 여기며 지금까지 이어오고 있습니다."

초대 교회의 흔적은 고린도에서도 찾아볼 수 있다. 두 차례의 지진으로 파괴된 고린도에 남아있는 유적들은 대부분 로마 시대의 것들이다. 이곳 역시 초대 교회들과 신도들의 집에서 예배가 이루어졌다. 고린도 유적지에 있는 일반인들의 집터를 3D로 형상해 본 결과 15~20명 정도의 인원이 모여 예배를 드린 것으로 추정되었다. 고린도교회의 존 루소스 목사 역시 비블리띠끼교회의 안토니오 디모데 목사와 같은 말을 전했다.

"신약에서 성전이란 교회가 아닙니다. 고린도전서 3장에 분명히 '우리의 몸'이 하나님의 성전이라고 기록되어 있습니다. 그러니까 교회란 '건물'이 아니라 우리 기독교인들이 모여서 예배를 드리는 '모임' 그 자체를 말하는 것이지요."

기독교인들 중에는 '성전'을 '건물'로 이해하게 되면 몇 가지 커다란 폐단이 나타날 수도 있다고 한다.

첫째, 건물 자체가 신성시될 수 있고, 둘째, '건물'의 규모나 화려함과 장식에 구애를 받게 될 수 있으며, 셋째, 눈에 보이는 건물을 높이 올리고 장식하게 되면 시간과 돈을 낭비하니 그것이 곧 폐단과 다를 게 없다는 것이다.

그렇다면 진정 우리는 '교회' 없이 '공동체의 만남'만으로 신앙의 공동체를 이끌어 갈 수 있을까. 지나치게 화려하거나 사치스러움을 자제하자는 의미로 최근 한국에도 '건물 없는 교회'가 늘어나고 있다. 건물에 들어가는 유지비를 가지고 '긍휼사역'을 하자는 것이다. 초대 교회 형태로 돌아가 직분을 강조하기보다 모두 평등한 자격으로 예배를 드리는 곳도 있다고 한다.

광대하신 하나님은 믿음의 진정이 있는 곳이면 언제든 어디서든 함께 하셨고, 그곳을 당신의 성전으로 여기신다고 하셨다. 우리가 초대 교회를 바라보는 까닭이 바로 여기에 있다.

07 Again Israel
유대인 그리고 공존의 가능성

오늘 우리는 '다름'과 '틀림'이
조화롭게 빚어진 세상에 고단한 마음자리를 푼다.
풍경만으로 희망을 품게 하는 곳. 원래 삶의 자리로 돌아가기 전,
다시 한 번 정연한 길채비를 하는 까닭이 여기에 있을 것이다.
때론 분쟁과 반목이 있는 곳에서,
또 때론 평화와 화합이 있는 곳에서 무엇을 남기고 떠날 것인가.
만약 그마저 괜찮다고 한다면 돌아가서 기도 한 점 보태리라.

메시야 예수를 부정하는 유대인

유대인들에게 예수의 존재란 무엇일까. 유대인들은 예수의 부활과 승천, 그리고 재림을 어떻게 받아들이고 있을까.

다큐멘터리를 제작하면서 가장 궁금했던 이 물음에 대한 결론은 안타깝게도 매우 부정적이었다. 2천 년 전 메시야로 온 예수는 유대인들에게 떠올리고 싶지 않을 정도로 거부의 대상이었다. 이 결론에 도달했을 때 우리는 충격을 받지 않을 수 없었다. 그 이유를 찾고자 유대인들의 생각과 삶을 조명해보는 일은 많은 것을 생각하게 했다.

유대인들은 창세기부터 신명기까지 모세 5경이 담겨 있는 성서 토라 Torah를 믿는다. 이는 예수를 메시야로 인정하지 않다는 것과 같은 맥락이라고 할 수 있다. 인류의 구원자로, 세계의 역사와 종교를 바꿔 놓은 예수를 부정하며 메시야를 기다리는 유대인들은 예루살렘 성 동쪽의 골든 게이트 Golden Gate, 즉 황금문을 통해 들어오실 것이며 죽은 자의 부활이 이곳에서부터 이루어질 것이라고 믿고 있다. 그래서 황금문 건너편 감람산 기슭에는 유대인의 무덤이 촘촘히 자리하고 있다.

메시야 예수를 거부하는 유대인들의 수학교과서에는 더하기 '+'가 없다. 십자가 형상과 비슷하기 때문이다. 심지어 국제적십자사의 십자가 표장이 기독교를 상징한다는 이유로 오각형의 '다윗의 별'을 사용하고 있을 정도다.

　이처럼 당신의 땅에서 당신의 백성으로부터 부정되는 메시야 예수를 유대인들 속에서 찾을 수 있을까. 우리는 예수에 대한 유대인들의 생각을 좀 더 들어보기 위해 이스라엘을 대표하는 히브리대학교와 랍비학교인 예쉬바, 그리고 철저히 율법 속에 사는 종교 유대인들을 만나보기로 했다. 또한 그와 같은 바람을 갖고 유대인들의 삶과 문화 속으로 조심스럽게 걸어 들어갔다.

황금문 건너편 감람산 기슭에는
유대인의 무덤이 촘촘히 자리하고 있다.

예수는 사람이다, 히브리대학교

이스라엘을 대표하는 국립 히브리대학교. 우리는 이곳에서 이스라엘을 대표하는 지식인인 교수들과 학생들을 만나 예수에 대한 생각을 들었다. 이스라엘 최고 학교인만큼 예수에 대해 뭔가 다른 견해를 갖고 있지 않을까 해서였다.

그러나 하나님께서 택한 백성인 그들의 입에서 나온 말은 예상대로였다. 베러디 브로즈와 바비 앤드리아디 종교학 교수는 단호하게 메시야로서의 예수를 부정했다.

"예수도 우리와 같은 사람입니다. 물론 예수가 성자라는 것은 인정합니다. 그러나 우리는 하나님의 자녀입니다. 우리에게 예수란 특별한 존재가 아니라는 뜻이지요."

"메시야는 갖추어야 할 조건들이 있는데, 예수는 그 조건들을 충족시키지 못해요. 예수를 믿는 당신들은 동의할 수 없겠으나 우리는 그렇게 생각합니다."

그가 찔림은 우리의 허물 때문이요 그가 상함은 우리의 죄악 때문이라 그가 징계를 받으므로 우리는 평화를 누리고 그가 채찍에 맞으므로 우리는 나음을 받았도다(사 53:5).

이렇듯 성서에서 이미 메시야의 고난을 예고하였음도 불구하고 히브리대학교 교수 그 누구도 예수를 인정하지 않았다. 대니 슈발츠 종교학 교수는 성서의 광범위함을 그 이유로 들었다. 어느 부분은 인정하지만 또 어느 부분은 믿지 않는다는 것이다. 그렇다면 학생들의 생각도 교수들과 똑같을까. 얼마 전 폭탄 테러가 있었다는 학교 카페테리아에 앉아 이야기를 나눈 몇 명의 학생들도 똑같은 생각이었다.

"예수는 사람이다. 우리는 그를 메시야나 선지자로 생각하지 않는다. 예수를 성자라고 보는 이도 있지만, 어쨌든 그는 우리가 기다리는 메시야의 기준과 많이 다르다. 그는 결코 우리의 메시야가 아니다."

성서에서 메시야의 출현 예고와 여러 이적을 통해 예수가 하나님의 아들임이 증명되었음에도 유대인이 이를 받아들이지 않는 데는 몇 가지 이유가 있다. 학자마다 조금씩 의견의 차이를 보이기는 하나 대체로 공통된 견해는 다음과 같다.

유대인들이 너무나 오랜 세월 '율법을 위한 종교', '종교를 위한 종교'에 빠져버렸기 때문이라는 것이다. 유대인들은 예나 지금이나 율법학자와 성직을 수행하면서 사회의 지도층이 되고자 한다. 율법에 맹목적으로 매달리는 동시에 그 어떠한 것도 받아들이려 하지 않는다. 그리고 그 맹목적인 율법은 신분이 있는 자와 없는 자를 나누었다.

또 하나, 예수를 메시야로 받아들이는 순간 모든 기득권을 포기하고 일반 백성과 같은 삶을 살아야 했던 유대 종교 지도자들이 결국 로마에 청한 것이 예수의 처형이었다. 그럼에도 유대인들을 기독교 신앙의 뿌리이자 동지로 봐야 하는지에 대해서 아직까지 혼란스럽고 의문을 달게 한다.

기독교인들은 이스라엘을 성서의 고향으로 여기며, 그 저변에는 이스라엘 사람들에 대한 관심과 애정이 깔려 있다. 예배 중 마음을 집중해서 듣는 설교 속에는 늘 이스라엘 백성에 대한 하나님의 택하심과 은총이 깃들어 있어 더욱 그러하다. 그러나 그것은 다윗왕 시대의 이스라엘 백성 혹은 모세 시대의 이스라엘 백성이다. 지금의 유대인들은 히브리 대학교에서 만난 교수와 학생들의 이야기처럼 전혀 다른 생각을 지니고 있다.

그것은 가슴 아픔과 당혹스러움을 넘어 안타까움에 이르게 했다. 예수님의 땅에서 예수님의 의미를 찾을 수 없는 안타까움. 두 손 모아 그들을 위해 기도 해도 그 끝의 씁쓸함이 바로 이런 이유가 아닐까. 그들을 진정 세상의 끝, 땅 끝이라 함이 바로 이런 간절함이 아닐까.

유대인 남자들은 하나님을 경외하는
마음으로 머리를 가리기 위해 키파를 쓴다.

아직 이 땅에 오지 않은 메시야, 랍비 양성기관 예쉬바

예쉬바Yeshivas는 랍비가 되고자 하는 유대인들이 모인 랍비Rabbi 양성기관이다. 일본, 중국, 태국뿐만 아니라 한국인 유대인도 있다는 사실에 놀라지 않을 수 없었다. 한국인 유대인은 우리에게 먼저 다가와 영어로 한국사람이냐고 물었다. 그렇다고 하니 몹시 반가워했다. 우리는 예상치 못한 만남에 혹시 모를 다음 취재를 위해 이메일 주소를 받아 두었다.

랍비를 꿈꾸는 예쉬바 학생들은 구약성서, 탈무드, 율법, 이스라엘 철학 등 네 가지의 과목을 중점적으로 공부하며 자신이 랍비가 될 사람인지 아닌지를 스스로 판단한다. 이들은 특이하게도 기도할 때 팔과 머리에 검은 테이프를 감는다. 그리고 검은 테이프를 감은 기도 상자가 머리 위에 얹혀 있다. 그 안에는 자신들이 기도하고자 하는 내용이 들어 있다고 한다. 심장과 가까운 곳의 팔은 열정을, 머리는 냉철한 이성을 의미한다. 유대 사회의 지도층인 랍비가 되기 위해서는 이 모든 것을 갖추어야 한다는 뜻이기도 하다.

유대인에게 랍비는 개신교의 목회자나 가톨릭의 신부와 비교할 수 없을 정도로 절대적 존재다. 20세 이상의 유대인들이 모인 곳에는 으레

심장과 가까운 곳의 팔은 열정을
머리는 냉철한 이성을 의미한다
유대 사회의 지도층인 랍비가 되기 위해서는
이 모든 것을 갖춰야 한다는 뜻이기도 하다

회당이 있고, 회당의 중심에는 랍비가 있다. 랍비는 모든 유대인의 예식을 주관하는 사람이고, 율법은 물론 생활의 모든 것에 대해 상담하고 조언하고 결정한다. 랍비의 결정은 어떤 법률보다 막강한 권위를 갖는다. 랍비의 생활비와 기타 경비는 모두 지역 공동체에서 부담하며, 군대에 가지 않아도 된다는 것이 합법화되어 있다. 때론 이 때문에 이스라엘 내에서 종종 문제가 되기도 한다.

그러나 랍비가 되는 길은 멀고도 험하다. 랍비 학교의 입학 자격은 매우 까다로울 뿐 아니라 공부도 벅차다. 과거 유럽 유대인들이 히브리어 문자를 이용하여 사용하던 이디쉬어^{Yiddish language, 이디시어}와 영어는 물론, 고어인 히브리어와 예수 당시에 사용하였던 아람어, 헬라어, 라틴어, 아랍어, 그리고 유럽어도 하나쯤 알고 있어야 입학할 수 있다.

학생들은 하루에 세 번 예쉬바 동쪽 성전산^{Temple Mt., 모리아산}을 향해 기도를 올린다. 유대인에게 가장 성스러운 곳이기 때문이다. 그렇다면 이들에게 메시야란 과연 어떤 존재일까에 대한 생각을 들어보기 위해 여러 학생들을 만나 생각을 들었다. 노벤 요르날과 아른 레브란의 말이다.

"모세가 받은 율법을 통해 이 세상은 단 한 분의 하나님이 주관하신다는 것을 믿습니다. 또한 그것은 바로 나의 존재 이유이기도 합니다. 그리고 메시야는 아직 이 땅에 오지 않았습니다."

예수는 인간의 육신을 가지고 태어났기 때문에 메시야가 아니라는 유대인들. 그들이 기다리는 메시야는 영의 모습으로 오실 영적 존재이다. 또 모든 인간은 죄인이므로 메시야의 피 흘림으로 구원받아야 하지만 하나님께 선택받은 민족, 즉 유대 민족만이 구원을 받을 수 있다고 믿는다.

　수구초심(首丘初心)이라, 여우 같은 짐승도 죽을 때는 자신이 태어나고 자란 굴 쪽으로 머리를 누인다는 말이다. 태생이, 고향이 그만큼 중요하고 소중하다는 뜻이다. 유대인들에게 꼭 들어맞는 사자성어인 듯싶다. 모든 유대인의 고향은 '예루살렘'이다. 그래서 율법 토라도 예루살렘을 향해 받들어지고, 기도의 방향도 언제나 성전산을 향해 있다. 예루살렘을 떠날 수 없는 사람들, 그들이 바로 유대인들이다.

종교 유대인의 거리, 메아셰아림

예루살렘 도시 한가운데 있는 메아셰아림Mea Shearim. 이곳은 종교 유대인들이 국가보조를 받아 오로지 '종교생활'만을 영위하는 유대인들의 거리다. 이들은 유대인이라면 누구나 다 가야 하는 군대도 가지 않는다.

종교 유대인들은 검은 의상과 수염, 머리에 키파를 쓰고 있는데, 키파는 인간 위의 다른 존재, 즉 하나님을 의미한다. 남자 어른들은 수염과 귀밑머리를 길러 꼬아 늘어뜨린다. 그 이유 또한 토라에 따른 것이다.

머리 가를 둥글게 깍지 말며 수염 끝을 손상하지 말며(레 19:27).

그리고 가르틀Gartl이라고 부르는 띠를 둘러 신체의 거룩한 부분과 속된 부분을 구분한다. 메아셰아림에 살든 살지 않든 종교 유대인들의 생활은 거의 같다. 온종일 성서를 읽는 것이 그들의 일과다.

종교 유대인들의 삶 속에서 가장 큰 부분을 차지하는 것이 바로 율법서 토라다. 토라는 삶의 지침이자 법도다. 메아셰아림에 있는 성인들은 하루 열다섯 시간 이상 이 율법서를 읽는다. 잠자는 시간과 밥 먹는

시간을 빼면 온 종일 율법서를 읽으며 보내는 셈이다.

"토라를 읽는 일은 당연히 해야 하는 일이고 또 매우 흥미 있어요."

메아셰아림 한 서점에서 만난 아홉 살의 유대인 아이는 하루 아홉 시간씩 율법을 공부한다고 한다. 사실 아홉 시간의 율법공부는 곧 다른 공부를 거의 하지 않는다는 것과 같다. 아이는 구레나룻처럼 머리카락을 길게 꼬아 늘어뜨렸고, 옷차림은 어른과 별 차이가 없어 보인다.

메아셰아림에는 서점, 회당, 학교 외에 다른 편의시설 등이 갖추어져 있으나 평소 일반인의 출입은 자유롭지 못하다. 정통 유대인들만 사는 데다 여러 가지 제약이 있어 일반인들이 출입을 꺼리기 때문이다. 특히 안식일이 되면 길목마다 바리케이트를 치고 자동차의 출입을 엄격하게 제한한다. 심지어 안식일에 움직이는 자동차를 보면 돌을 던지기까지 한다. 예루살렘 인근의 한 주차장이 안식일에도 운영한다는 이유로 종교 유대인들이 대대적인 데모를 벌이기도 했다.

이러한 이유로 안식일이 되면 예루살렘 거리에는 버스가 거의 다니지 않을 정도다. 해가 진 오후 8시 이후나 되어야 버스가 움직이기 시작하는데, 이때가 되면 버스를 기다렸던 이스라엘 사람들 때문에 버스 안은 미어터질 정도로 인산인해를 이룬다. 오랜 시간 우리와 함께 하며 현지 코디네이터 역할을 만족스럽게 해 준 대진 씨는 그 때문에 종종 화가 나기도 한다고 한다.

"안식일에는 불조차 켜지 않습니다. 그래서 일부 돈이 많은 유대인은 호텔에서 편안하게 밥 먹고 쉬기도 하지요. 뿐만 아니라 나를 찾아와 불 좀 켜달라는 유대인도 있어요. 자신들은 어떻게든 율법을 지키고 남들은 안 지켜도 된다는 식의 사고인 셈이지요."

성서가 전하고자 하는 숨은 뜻을 보지 못하고 오로지 문자로만 해석하며 메시야를 기다리며 살아가는 사람들. 그들이 바로 유대인이다. 그러나 언젠가 꼭 유대인에게도 메시야 예수님이 전하고자 했던 말씀이 깃들 수 있으리라는 희망을 품어본다.

유대인의 현재

현재의 이스라엘은 다양한 문화가 섞여 있다. 유대인들이 지난 2천 년 동안 세계를 떠돌다가 2차 대전 이후 다시 모였기 때문이다. 특히 미국과 유럽의 문화가 스미면서 변화의 물결을 타기 시작했고, 그에 따라 유대인들의 삶도 많이 바뀌었다.

율법으로부터 자유화를 꾀하는 사람들도 늘어나고 있으며 여성들의 권위도 조금씩 높아져 가고 있다. 과거에는 생활공동체인 키부츠Qibbutz와 생산만을 공동으로 하는 모샤브Moshav를 통해 생활의 안정을 마련했다면 지금은 교육, 전자기술, 다이아몬드 가공 등으로 괄목할 만한 성장을 불러오고 있다.

이러한 변화 속에서도 유대인들이 고수하는 전통은 여전히 그대로 남아 있으며 그 전통은 지금도 쉽게 볼 수 있다. 소소한 일상과 매일 먹어야 하는 음식 등은 아직 철저히 율법에 따라 진행하고 만들어진다. 즉, 생활 속에서도 율법이 지켜지는 것이다.

그러나 유대인들은 지나치게 보수적이라 자신들의 삶을 잘 보여주려고 하지 않아 촬영 섭외가 쉽지 않았다. 그러던 중 텔라 지구의 유대인 정착촌에 촬영을 허락한 유대인이 있다는 소식을 접하고 노폐 슈프라를 찾았다.

예루살렘에서 유대광야를 지나 이른 노폐 슈프라 정착촌은 사막 한가운데 있었다. 들어가는 입구부터 기관총으로 중무장한 사설 경비원들이 지키고 있었다. 일반 마을까지 삼엄한 경비 풍경은 놀람과 동시에 이스라엘의 현재 상황을 다시 한 번 들여다보게 했다.

매우 보수적인 성향의 정착촌 유대인들은 하루 몇 시간 이상은 반드시 토라를 읽고, 자녀와의 기도도 매일 한다. 안식일에는 그 어떤 노동도 하지 않으며 불 켜는 일조차 허용하지 않는다. 정착촌의 모든 전자제품도 자동으로 작동한다. 그리고 안식일과 정착촌에 중요한 일이 생길 때는 회당을 찾아 기도를 드리는데, 이는 유대인들의 전통이다. 그리고 가정을 매우 중요시하며 가능한 한 많은 자녀를 두려고 한다.

"중국은 워낙 사람들이 많아서 한 가정에 한 명 정도면 충분하지만, 유대인은 역사적으로 침략을 많이 받아 온 까닭에 현재 전 세계적으로 유대인의 수는 120만여 명밖에 되지 않습니다. 때문에 우리는 더 많은 아이를 필요로 합니다."

정착촌의 이갈 크나안 씨 역시 부인과 두 명의 딸, 세 명의 아들을 두고 있다. 그 외 다른 정착촌의 유대인들도 구약에서 말하는 율법을 철저히 지키며 산다. 꼭 유대인 정착촌뿐만 아니라 정통을 고수하는 유대인들은 이와 같은 율법 생활을 철칙으로 여기며 살아가고 있다.

이스라엘의 이민정책, 네밧사라지온 수용센터

이스라엘 정부는 아프리카나 남미 등에서 온 가난한 이민자들에게 일정 기간의 재정적 지원을 통해 잘 적응할 수 있도록 돕고 있다. 동유럽은 물론 북미 등지에서 이스라엘로 이민 오는 유대인만 연평균 3천여 명. 각기 다른 인종과 언어의 유대인들을 하나로 묶는 것은 과연 무엇 때문일까.

에티오피아Ethiopia인들이 거주하는 네밧사라지온 수용센터에서 만난 흑인유대인 요시는 개종을 통해 이스라엘 국적을 갖게 되었다. 흑인이 유대인이라는 사실에 처음에는 그저 놀랍고 신기할 따름이었으나, 이스라엘 이민정책에 대해 취재를 하면서 그리 놀랄 일도 신기해할 일도 아니라는 것을 알게 되었다.

"당신은 유대인인가요?"
"그렇습니다."
"왜 그렇게 생각하나요?"
"유대인이 되고 싶기 때문입니다."

요시를 만나기 전 우리는 이집트에서 이스라엘로 넘어오는 고속도로 휴게소에서 흑인 군인을 만난 적이 있었는데, 그 역시 이스라엘 사람으로 모계전통에 의해 유대인이 되었다고 했다.

이스라엘 민족도 "2천 년 동안의 디아스포라^{Diaspora}에도 불구하고 우리는 단 한 번도 민족의 순수한 혈통을 훼손당한 적이 없다"고 주장한다. 그들은 여전히 '순혈주의'를 주장하고 '유대민족'의 우수성을 확인하는 연구소까지 설립했다. 이민도 모계 중심 전통에 따라 유대인일 경우에만 허용했었다. 그러나 최근에는 부모 중 어느 한 쪽만 유대계라도 이민을 받아준다. 이러한 이스라엘의 정책은 이웃 나라의 어려운 사람들이 '이스라엘 드림'을 꿈꾸며 몰려들게 했다.

1980~90년대에는 에티오피아 등에서 유대인의 흑인 후손들을 데리고 오는 '모세 작전'을 실시했고, 구 소련 붕괴 뒤엔 슬라브계 유대인들을 적극적으로 수용했다. 지금까지 이스라엘은 세계 160여 개국에서 약 100만여 명의 이민자를 받아들였다. 현재 이스라엘 총 인구 700여만 명 가운데 이민자를 모두 포함한 유대인은 약 570만여 명, 아랍인은 140만여 명이다. 그리고 아랍인의 비율은 점점 커지고 있고, 신생아 출산 비율도 아랍인이 1.5배 정도 높다. 이스라엘이 이민정책에 사활을 거는 이유는 바로 이 때문이다. 이스라엘에서는 이들을 가리켜 팔라샤^{Falasha}, 개종을 거부한 이민자를 베타 이스라엘$^{Beta\ Israel}$이라고 부른다. 몇 년 전 에티오피아 이민을 금하는 조치가 발표되었으나 다시 검토 중이라는 이야기를 들었다.

정부의 공격적인 이민정책에 대해 일각에서는 유대인의 정체성을 훼손한다는 지적도 적지 않다. 그럼에도 이민에 대한 재검토가 이뤄지는 것은 그들이 이스라엘 건설과 경영에 매우 큰 부분을 차지하고 있음을 반영한다.

　네밧사라지온 수용센터는 아프리카 이민자들의 정착촌으로 이스라엘의 법을 따르며 살고 있었다. 결국 꿈을 좇아 온 이민자들의 모습은 2천 년을 떠돌던 과거 유대인들의 삶과 닮아 있었다.

예루살렘으로 가는 고속도로
휴게소에서 만난 에티오피아 흑인 유대인은
기분 좋게 촬영에 협조해 주었다.

가장 기쁜 날에 가장 슬픈 기억,
유대인의 결혼식

　　　　　유대인들의 문화를 가장 잘 반영하는 것 중의 하나가 바로 결혼식이다. 현대의 유대인들도 1950년 이스라엘 랍비회의에서 결정한 혼인법에 따라 반드시 랍비의 집전으로 결혼식이 치러진다. 그래야만 결혼이 인정되기 때문이다.

　그러나 결혼식 모습을 카메라에 담는 일은 쉽지 않았다. 이미 서구화되어 개인적인 사생활을 드러내려 하지 않는 이스라엘 사람들의 습성 때문이었다. 신랑 측의 허락하에 촬영하다가 신부 측이 허락하지 않았다는 이유로 촬영을 거부 당한 적도 있었다. 그렇게 몇 번의 실패 끝에 현지 코디네이터로부터 인근의 한 호텔에서 결혼식을 촬영해도 좋다는 허락을 받았다는 소식을 전해 들었다. 그런데 신부 측에서 영 마뜩잖아 하는 것이다. 결국 신부에게 결혼식 사진과 동영상을 보내 준다는 조건에 촬영이 이루어졌다.

　워낙 까다롭게 승낙을 구한 터라 촬영 도중 딴소리를 하거나 못마땅해하면 어쩌나 싶었는데, 우려와 달리 매우 협조적이고 기분 좋게 응해 주었다. 하객들 역시 동양인에 대한 호기심과 생각지 못한 촬영에 좋아했다. 신랑의 직업은 의사였으며 그의 친구들 또한 괜찮은 지식인들로 보였다.

 까다로운 입국 절차, 어려운 촬영 섭외, 메시야의 부정, 영토분쟁 등으로 유대인들에게 가졌던 좋지 못한 선입견이 결혼식에서 조금씩 풀리기 시작했다. 그들 속으로 들어가 보니 정치와 종교를 떠나 만난 사람들은 따뜻하고 정이 있었다.

 유대인들은 전통 결혼식을 안식일만큼 소중하게 여긴다. 그 이유는 '아내를 갖지 않으면 행복하지 않고, 하나님으로부터 축복도 없으며, 선행도 쌓이지 않을 뿐만 아니라 진정한 인간이 될 수 없다'는 믿음 때문이다.
 유대교의 이혼은 비교적 자유로운 듯 보였다. 그러한 맥락에서 '결혼계약서'는 여성을 위한 것이다. 남성이 마음대로 이혼하려고 할 경우 결혼계약서에 명시되어 있는 금액을 지급해야 한다. 10세기경 유대교 랍비 게르숌이 아내의 동의가 없으면 남편은 일방적인 이혼을 하지 못하도록 하는 규정을 정한 것이다.
 결혼계약서는 대체로 신랑 신부 누구누구가 언제 어디서 결혼을 한다는 글로 시작된다. 그리고 신랑 신부가 지켜야 할 의무와 주고받은 패물이 기록되고 증인들이 서명한다. 결혼계약서를 예쁘게 꾸며서 간직하는 것도 유대교 결혼식의 특징이다. 중세 때는 성서 구절과 함께 그림을 그려 넣어서 거의 '예술'의 경지에까지 올랐었다고 한다.

 신랑은 흰 셔츠를, 신부는 수수한 하얀 드레스를 입는다. 화려하게 차려입은 하객들도 없다. 과거의 모든 죄를 용서받는다는 의미로 결혼식 전날은 금식한다. 꼭 지켜야 하는 유대인의 전통이다. 결혼반지는 검소하게 보석이 박히지 않은 것으로 한다.

  결혼서약서 내용 중에는 디아스포라Diaspora와 성전 파괴에 대한 이야기가 담겨 있다. 성전을 새로 세우자는 약속이 결혼의 의미에 더해진 것이며, '새로운 성전'은 결혼으로 한 몸이 된 두 사람을 의미하는 것이다. 결혼식이 끝남과 동시에 신랑은 유리컵을 밟아 깨뜨린다. 산산이 부서진 컵은 다시 원상복구가 될 수 없듯 이제 두 사람도 결혼을 물릴 수 없다는 의미다. 그 모든 결혼식 절차가 끝나고 나면 신랑, 신부와 하객들은 먹고 마시고 노래하고 춤추며 신나는 피로연을 즐긴다.

음식의 율법, 코셔

　　　　　결혼식이 끝나면 하객들을 위한 피로연이 밤늦게까지 계속된다. 즐거운 음악과 축복의 소리. 세상의 모든 결혼식은 형식은 다르지만 기쁨을 나눈다는 것에서만큼은 같은 모양이다. 촬영에 찌든 일행도 하객들 틈에 섞여 모처럼 호사의 시간을 누린다.

　피로연에 차려진 음식은 유대교 율법에 따라 정해지고 조리된 것들이라고 한다. 그에 합당한 음식을 코셔Kosher, 합당하지 않은 음식을 트라이프Traif라고 한다. 몇 가지 음식을 맛보면서 곁에 있는 유대인에게 코셔에 대해 물어보니 유쾌하게 답해 준다.

"코셔의 규정이 상당히 많은 것 같은데 그걸 다 외워서 지키나요?"
"자주 먹는 음식이나 중요한 몇 가지 정도만 외우는 편입니다."
"그러다 율법에 어긋날 수도 있을 텐데, 안 그런가요?"
"코셔 마크가 붙은 집으로 가면 아무런 걱정을 할 필요가 없어요. 코셔 마크는 우리가 먹을 수 있는 음식이라는 표시이니까요."

　코셔에는 '우유와 고기는 같이 먹으면 안 된다'는 규정이 있다.

너는 염소 새끼를 그 어미의 젖으로 삶지 말지니라(출 23:19).

이 간단한 성서 구절이 어린 새끼를 키워내는 젖과 그 어미의 고기를 함께 먹어서는 안 된다는 규정이 된 것이다. 또 우유를 먹고 30분 뒤에는 고기를 먹을 수 있고, 고기를 먹고 6시간이 지나면 우유를 먹을 수 있다는 등의 규정도 있다. 비늘 없는 생선이나 발굽이 갈라지고 되새김질을 하지 않는 짐승인 돼지고기는 절대 먹지 않는다.

유대 시장 정육점에서는 코셔 확인증이 없으면 고기를 판매할 수 없다. 즉, 유대인들은 코셔 마크가 붙어 있지 않은 가게에서는 아무것도 사지도 않고, 먹지도 않는다. 피로연 촬영을 하기 전 만난 메시아닉 쥬 Messianic Jews, 유대인 중에서 예수님을 믿는 사람들 마을에서 만난 네르힐 게르숀은 코셔에 대해 다음과 같이 말했다.

"하나님은 시내산에서 모세를 통해 유대인들이 어떤 종류의 동물을 고기로 먹을지 알려 주셨습니다. 이 규정은 토라의 'Book of Moses' 중 마지막 장에 규정으로 명백히 쓰여 있습니다."

최근 에코 마크나 유기농 마크가 붙은 식품을 믿고 사는 사람들이 점점 늘고 있다. 랍비가 직접 도축과 생산과정을 지켜보며 일일이 확인 절차를 거치기 때문에 요즘 먹거리를 중요하게 여기는 사람들 사이에서 코셔는 상당한 인기를 끌고 있다. 수천 년 전의 문화가 지금에 이르러 주목을 받게 된 셈이다.

밤도 점점 깊어가고 화려하게 차려진 음식들도 많이 줄었다. 이제 곧 신랑, 신부는 인생에서 가장 성스러운 축복의 밤을, 하객들은 다시 일상으로 돌아갈 것이다. 그리고 우리도 다시 고된 여정의 길을 떠나야 한다.

코셔 증명서는 랍비로부터 도축과정을 승인받은 고기를 판다는 것을 의미한다.

예루살렘 성 다메섹 게이트 앞에 팔레스타인 시장이 펼쳐졌다.

수천 년 전 광야의 명절, 장막절

유대인들이 결혼식 이상으로 소중히 여기는 특별한 날이 또 있다. 우리의 추석 명절에 해당되는 장막절Feast of Booths, 초막절로 유월절, 칠칠절과 더불어 유대인 3대 절기 중 하나이며 가장 큰 명절이다.

장막절은 출애굽과 관련이 깊다. 모세가 시내산에서 율법을 받은 날을 기념하는 날이기 때문이다. 즉, 40여 년간 광야를 헤매던 이스라엘 조상을 기억하기 위한 것이다. 이 무렵은 또한 올리브와 포도 등을 수확하는 때이기도 해서 '추수감사절'의 의미도 포함된다. 유대인들은 추수를 마친 뒤 아무것도 하지 않고 기도를 드렸다고 한다.

장막절이 되면 유대인들은 광야생활을 체험하고 재현한다. 그러나 이스라엘이 도시화하면서 요즘은 도심의 공터나 주차장, 아파트 베란다 등에 장막을 치는 경우가 많아졌다. 때문에 이스라엘에서는 초막을 칠 수 있는 옥상 또는 베란다가 집의 기본이다.

장막절에 맞춰 찾은 평범한 유대인 가정집. 우리의 명절처럼 온 가족이 모여 광야의 기억과 추수의 기쁨을 나누고 있었다. 그리고 유대 역사에 대한 이야기도 빼놓지 않았다. 이는 아이들을 위한 자연스러운 교육이며 장막절의 의미를 다시 한 번 되새기게 하는 기회가 되기 때문이다.

우리는 가족과 함께 장막절의 회당을 찾아볼 수 있었는데, 장막절의 의미를 함께 나누기 위해 찾아온 사람들로 매우 붐볐다. 그리고 사람들 손에는 종려나무, 도금양나무, 버드나무, 싯딤나무 등 네 가지 나무의 나뭇가지가 들려 있었다. 이 나무들은 장막을 지을 때 쓰였던 재료로 지금은 장막절 장식물로 자리잡았다.

회당 안에는 코셔에 따라 만들어진 전통 음식이 가득 차려져 있었다. 가족은 회당을 찾은 사람들과 더불어 대를 이어 내려오는 음식과 이야기를 나누고 장막절의 의미를 되새겼다.

유대인들에게 일 년 중 가장 평화롭고 풍요로운 날인 유대인들만의 장막절, 저 행복한 풍경 속에 예수님이 있다면 얼마나 좋을까.

슬픈 디아스포라의 보복

1948년은 이스라엘과 팔레스타인 두 나라의 희비가 엇갈린 날이다. 이스라엘이 가나안 땅에 나라를 세운 날인 동시에 그 땅에 살던 팔레스타인 사람들이 모두 내쫓겨진 날이기 때문이다.

디아스포라Diaspora, '흩어진 사람들' '유대인의 유랑'을 뜻하는 디아스포라를 유대인들은 크게 두 번 겪었다. 첫 번째는 기원전 586년 바벨론 침공 당시 포로로 끌려갔을 때이고, 두 번째는 서기 70년 로마제국의 예루살렘 함락으로 추방되었을 때였다. 그로 말미암아 2천 년이라는 오랜 세월 동안 전 세계에 흩어져 살게 된 유대인들. 다시는 떠돌며 살고 싶지 않았던 유대인들은 팔레스타인에 자신들의 나라를 세웠다.

지난 2천 년 동안 살아온 터전에서 쫓겨난 팔레스타인 사람들은 그동안 자신의 땅을 되찾기 위해 투쟁해 왔다. 그러나 유대인들은 구약성서를 증거로 팔레스타인이 자신들의 땅이라고 계속해서 주장해 오고 있다. 구약성서에서 자신들 선조의 땅이라고 일컬어지는 곳이 바로 팔레스타인이기 때문이라는 것이다.

두 나라의 첨예한 대립은 4차에 걸친 중동전쟁을 거치면서 수많은 갈등과 분쟁과 보복과 살인을 불러오고 있다. 성서의 땅이 누군가의 갈등과 분쟁의 원인이 된다는 것을 기독교인들은 누구보다 안타까워한다. 그러니 하나님이 보시기에는 얼마나 가슴 아픈 일일 것인가.

　진정 그 땅의 사람들은 화해와 용서와 사랑으로 공존할 수는 없을까. 하나님께서 간절히 원하는 평화와 공존을 찾아 나서는 길, 우리는 그 길 위에서 아직은 미약하나마 한 줄기 가느다란 희망의 빛을 발견한다.

예루살렘 성을 지키는 군인들은 우리의 젊은이처럼 순수한 꿈을 지닌 청년들과 다름없다.

삶의 터전에서 난민이 된 사람들,
팔레스타인 난민촌

"야, 이 나쁜 이스라엘 놈!"
"됐어. 이제 그만 풀어줘~."

아이들 몇 명이 '포로'를 때리려고 하자 대장인 아이가 그만 풀어주라고 명령한다. 그러나 아이들은 풀어주고 싶은 마음이 전혀 없는 듯 보인다. 너무도 당혹스러운 풍경에 가슴을 쓸어내리며 아이들에게 몇 가지 묻는데, 그 대답이 묵직한 통증을 느끼게 한다.

"지금 뭘 하는 거니?"
"전쟁놀이 하는 거예요. 지금 우리가 이스라엘 놈을 붙잡아서 죽이는 중이에요."
"사람을 죽이는 건 나쁜 일이지 않니?"
"이스라엘 군인들이 먼저 우리 땅에 들어와서 우리나라 사람들을 죽이고 땅을 빼앗아 갔잖아요. 그러니까 싸워서 반드시 이겨야 해요."

마치 혁명 전사처럼 대꾸하는 아이들. 조금 전 약간의 인정을 베풀려고 했던 대장인 아이마저 똑같이 핏대를 세운다.

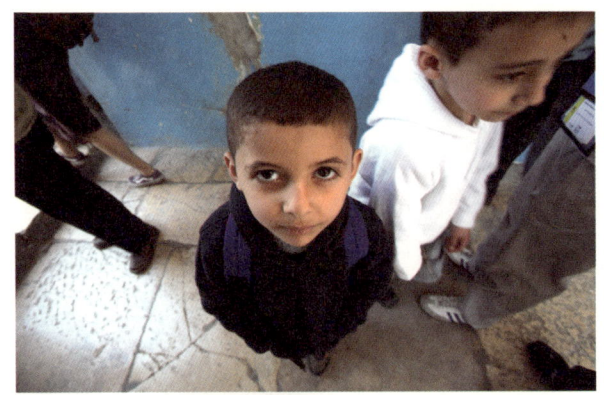

언젠가 뉴스에서 폐허가 된 마을의 골목길을 돌진하는 이스라엘 탱크에 겁도 없이 돌을 던지는 어린아이의 모습을 본 적이 있다. 그 아이들이 바로 저 아이들인 것이다. 태어나서 전쟁만을 보며 자란 아이들. 아버지나 삼촌 혹은 큰 형들이 날마다 총을 손질하며 이스라엘에 대한 적개심을 불태우고, 밤이면 언제 날아올지 모르는 이스라엘군의 총탄과 포탄을 걱정하며 자라야하는 아이들. 그리고 이 전쟁이 끝나지 않는다면 커서 자신들의 아버지와 형이 메던 총을 이어서 메야 하는 아이들.

　저녁 식탁 위에서 그날 배운 것들을 말하고, 매일 밤 따뜻한 사람 닮은 인형을 품고 자고, 살아 꼼지락대는 작은 동물을 보살피고, 가끔은 반짝반짝 빛나는 자연을 찾아 떠나고, 부모로부터 지혜를 남긴 위인들의 생애와 눈물 쏙 빠지는 무서운 옛 이야기도 듣고……. 평범한 아이들이 누리는 이 즐거운 권리를 되찾아 줄 수는 없는 것일까.

중동판 베를린 장벽, 분리 장벽

난민촌에서 까마득히 높은 콘크리트 벽이 보인다. 사람도, 이념도 저 벽을 넘을 수 없을 것 같은 느낌. 그 벽 위에 이스라엘 병사들의 기관총 초소가 세워져 있다. 장벽의 높이는 대략 8미터. 감시탑과 전기가 흐르는 철조망까지 있다. 분리 장벽Segregation Wall in Palestine 이다.

분리 장벽을 세운 명분은 팔레스타인 자치정부와 이스라엘을 완전히 분리, 혹 일어날지도 모르는 테러를 방지하기 위한 것이다. 그러나 속내는 레바논과 요르단 서안지구West Bank와 팔레스타인 가자지구Gaza Strip 의 완전한 분리를 위한 것인 듯하다. 즉, 가자지구에 거점이 있는 팔레스타인 무장저항 단체인 하마스Hamas를 고립시키자는데 있다. 그러니까 팔레스타인의 생존권을 달라는 요구 조건이 받아들이지 않는 이상 허물어지지 않을 벽이다.

매일 아침 수만 명의 팔레스타인 사람들은 분리 장벽을 통해 예루살렘 일터로 향한다. 우리도 팔레스타인 최대의 도시인 라말라에 가기 위해 그들처럼 검문소를 통과해야 했다.

분리 장벽이 세워짐과 동시에 팔레스타인의 경제 사정은 최악에 달했

분리 장벽을 세운 명분은 팔레스타인 자치정부와 이스라엘을
완전히 분리, 혹 일어날지도 모르는 테러를 방지하기 위한 것이다.

다. 팔레스타인 서안지구의 수도격인 라말라의 경제 사정도 많이 안 좋아졌다고 한다. 분리 장벽으로 더 이상 예루살렘으로의 왕래도 자유롭지 못하다. 일반인들의 통과가 쉽지 않은 가운데 우리는 특별히 프레스카드를 받아 통과할 수 있었다.

촬영 자체가 엄격히 통제된 검문소의 촬영은 위험을 무릅 쓰고 진행되었다. 우선 의심을 살 수 있는 촬영감독을 먼저 통과시키고, 대신 프로듀서들이 6미리 카메라를 어깨에 메고 녹화 버튼을 누른 채 다양한 각도의 영상을 잡기 위해 조금씩 거리를 두었다. 그리고 삼엄한 검문을 피하기 위해 카메라 레코드 버튼의 상태를 보여주는 빨간색 탈리Tally 버튼을 끈 상태로 현장을 카메라에 담을 수 있었다.

우리는 검문소 부근의 길게 늘어져 있는 차량 행렬에 끼어 있었던 나임 아도로 하만 씨와 이야기를 나누었다. 그는 그나마 분리 장벽이 세워지기 전에는 절단된 경계를 넘어 가족의 안부를 확인할 수도 있었는데, 분리 장벽이 세워지고 난 지금은 쉽게 그럴 수조차 없게 되었다며 분통을 터트렸다.

"정말 화가 나요. 매주 두세 번 아이들을 데리고 예루살렘에 있는 할머니 댁에 가는데 이렇게 한 두 시간을 기다려야 해요. 몇 분이면 갈 수 있는 거리를 말이지요."

분리 장벽을 통과하려면 중무장한 이스라엘군 검문소를 거쳐야 하고, 한쪽으로만 돌게 되어 있는 강철 회전문을 세 개나 통과해서 200미터에 달하는 기다란 철조망 길을 한 사람 한 사람씩 걸어야 한다. 이스라엘쪽 허가증을 받은 사람만 가능하다. 절차도 까다롭기 그지없다.

  팔레스타인 주민들은 이스라엘군의 사정에 따라 검문소 통과가 가로막히기도 한다. 그 경우 친절한 이유나 설명 따위는 아예 없다. 그래서 검문소 통과가 어려울 것 같은 팔레스타인 사람들은 지레 겁을 먹고 아예 새벽부터 줄을 서기도 한다.

  이것은 공공연한 비밀인데, 다큐멘터리 촬영 당시 아는 사람만 아는 비밀통로가 몇 군데 있었다. 장벽이 아직 설치되지 못한 곳으로, 사람들은 그곳을 통해 몰래 분리 장벽을 넘나들었다. 당시만 해도 분리 장벽이 허름한 임시 건물이어서 가능했던 일이다. 그러나 최근 다시 가본 분리 장벽은 완벽히 세워진데다 검문소는 더욱 철옹성처럼 지키고 있어 비밀통로는 영원히 사라진 풍경이 되어 있었다.

  이른 아침, 생계를 위해 어렵게 분리 장벽을 넘은 이들은 저녁이면 피곤한 몸으로 또다시 분리 장벽을 넘어 가족들에게 돌아가야 한다. 지금 이 모습이 하루빨리 과거의 기억이 되기를……. 사람이 사람답게 살 수 있는 권리, 즉 자기 의지대로 살 수 있는 권리가 절실하게 필요한 곳. 때문에 분리 장벽을 넘는 우리의 마음은 내내 편치 못했다.

바다를 볼 수 있는
꿈마저 빼앗은 허가증

동예루살렘 서북쪽 갈라디아^{Galatia} 검문소. 이곳이 바로 우리가 서안 지역 가운데 가장 활발한 상업 지역인 라말라로 오기 위해 몹시 초조해하며 통과한 검문소다. 이 검문소를 통과하면 라말라로 팔레스타인 자치정부의 임시 행정수도다.

검문소 앞에서 만난 청년 이아드 실라는 아랍계 이스라엘인이다. 그는 대개 팔레스타인들이 라말라에서 예루살렘으로 출근하는 반면 예루살렘에서 라말라로 출근하고 있었다. 라말라에서 아버지의 가게를 이어 운영 중인데 캐나다에서 역이민을 한 경우라고 한다.

그는 줄곧 캐나다에서 살다가 더 늦기 전에 함께 살고 싶어 하는 가족들의 권유로 돌아왔다. 집은 예루살렘에 있지만 직장이 라말라에 있어 하루 두 번 검문소를 통과한다. 분리 장벽이 세워지기 전에는 집에서 직장까지 15분이면 충분했는데 지금은 최소 두 시간 이상이 걸린다. 사건이라도 터지는 날이면 몇 시간씩 기다리는 것은 예사다. 출입이 아예 통제될 때도 있다. 그러나 더 큰 문제는 경제라고 한다.

"장벽으로 가로막히면서 경제가 아예 죽어가고 있어요. 사람들이 먹고 살 길이 없게 된 것이지요. 식탁에 올릴 음식이 없을 정도니 어느 정도인지 아시겠지요. 그나마 나는 이스라엘 시민권자인데다 직장도 있으며, 해외에서 살다 와서 괜찮은 편이지만 다른 팔레스타인 사람들은 정말 걱정입니다."

팔레스타인 사람들에게 내주는 허가증은 여러 가지라고 한다. 이스라엘 곳곳에 흩어져 사는 아랍계 이스라엘 국민에게 주는 시민권부터 한정된 시간 동안만 예루살렘을 벗어날 수 있는 한시적 허가증까지 종류가 다양하다. 그러나 시민권이 있다 해도 완전히 자유로운 것은 아니다. 아랍계이기 때문이다. 팔레스타인 사람들과 똑같이 긴 줄을 서고, 몇 번씩이나 검문소를 통과해야 한다.

허가증은 색에 따라 구분된다. 그것은 곧 색에 따라 삶이 결정되는 것과 마찬가지다. 이스라엘 정부에서는 자신들의 판단에 따라 출입과 자유의 폭을 결정하고 허가증을 내준다. 분리 장벽 안에서만 살면 아무것도 할 것이 없다. 그래서 그들이 정해준 허가증의 색깔이 곧 삶의 질이 되는 것이다.

우리가 만난 이아드의 친구 모메드도 허가증이 없어 팔레스타인 밖으로 나가지 못한다고 했다. 그의 꿈을 묻자 다름 아닌 바다를 한 번 보는 것이란다. 평생 바다를 본 적이 없다는 사람. 우리는 이 말이 너무도 뭉클해서 아무 말도 할 수가 없었다. 분리 장벽은 사람에게 바다를 볼 수 있는 꿈마저 빼앗은 것이다. 우리가 그에게 해줄 수 있는 것은 언젠가 꼭 바다를 볼 수 있는 희망이 이루어질 수 있도록 기도하는 것뿐. 그래서 더욱 가슴 아픈 만남이었다.

갈라디아 검문소는 예루살렘에서 라말라로 통하는 관문이다.

그 날 저녁, 이아드 실라는 우리를 자신의 집에 초대해 주었다. 당시 막 결혼한 그는 부인과 함께 예루살렘에 신혼집을 차리고 알콩달콩 신혼 재미를 느끼는 중이다. 그러나 캐나다에서 자유롭게 살다 온 그에게 지금의 예루살렘은 부당하고 이해할 수 없는 것들 투성이라 말했다.

"난 아무도 미워하지 않지만, 누군가 나를 계속해서 미워하고 무언가를 강요한다면 당연히 그 사람이 미워질 것입니다."

미움이 미움을 낳는 것이 가장 가슴 아프다는 그. 그 아픔은 우리도 마찬가지였다. 그리고 매일 밤 화해와 사랑을 위해 기도한다는 그. 차 한 잔을 두고 길어진 침묵. 말로서 표현할 수 없는 상처의 이야기들 때문이다. 유대인과 팔레스타인 사람들, 하나님의 땅 이스라엘에서 과연 이들의 공존은 가능한 것일까.

아름다운 공존의 실험, 네베샬롬

난민촌에서 전쟁놀이를 하던 또래의 아이들 둘이 어깨동무를 하고 걸어가고 있다. 한 아이는 유대인이고 또 한 아이는 팔레스타인이다. 상상이 가능한가. 예루살렘에서 서쪽으로 40여 분 차로 달려 있는 곳 네베샬롬Neve Shalom에서는 가능하다. 혹시라도 이 작고 평화로운 곳에서 아이들의 국적과 서로 좋아하느냐는 따위의 질문은 하지 않는 것이 좋다. 물음에 당혹스러워하는 것이 아니라 황당해하며 쳐다볼 것이기 때문이다.

와하트 알 살람Wahat al-Salam이라고도 부르는 네베샬롬은 1972년 도미니크 수도회의 브루노 후샤르 신부가 만든 유대인과 팔레스타인 사람들이 함께 사는 공동체다. 각각 스무 가구로 시작했는데 지금은 50여 가구에 약 250여 명이 서로 어우러져 살고 있다. 유대인 랍비들이 가장 우려했던 '결합가정'도 생겨났다. 그들도 탈 없이 행복하게 잘 산다. 실제 만난 한 결합가정의 부부가 평화로운 눈빛으로 말한다.

"우리는 각자의 종교를 인정해 줍니다. 이 마을에서 살다 보면 그것이 그리 어려운 일이 아님을 알게 됩니다."

종교의 존중은 네베샬롬의 실험이 성공적으로 진행될 수 있는 바탕이고, 의도한 바가 성공했다는 것을 증명한다. 마을에는 회당이나 사원이 따로 없다. 주민들은 각자 집에서 신앙을 지킨다. 마을을 처음 제안한 사람도 가톨릭 신부이니 세 개의 종교가 공존하는 셈이다. 전 세계가 '평화와 공존의 실험장'이라는 별칭을 붙여준 것도 그 때문이다.

그들의 공존이 항상 쉬운 것은 아니다. 외부의 압력과 내부의 갈등은 30년이 지난 지금도 여전하다. 네베샬롬의 유대인들은 '반역자'라는 낙인이 찍혔고, 팔레스타인들 역시 '배신자'가 될 수 밖에 없었다. 마을의 주요 사항은 전체 주민이 참여하는 마을 회의를 통해 결정한다. 그러나 공적인 자리를 통해 해결할 수 없는 갈등도 더러 있다. 주로 정치적으로 큰 문제가 생겼을 때다.

그럼에도 불구하고 네베샬롬의 '평화와 공존의 실험'은 더욱 큰 반향을 불러일으킬 모양이다. 현재 주민의 수보다 두 배가 넘는 500여 명의 사람이 이 마을에 들어오기 위해 대기하고 있다는 것이 바로 그 증거다. 또한 이곳의 이야기는 곳곳으로 퍼져 나가 세계의 많은 사람들이 찾아와 대가 없는 봉사를 펼치기도 한다. 마을 청소에서부터 운영까지 자신들의 능력을 조금씩 나누며 네베샬롬의 평화가 더욱 크게 번져나갈 수 있도록 기도한다.

아이들에게 유대인 혹은 아랍인이라는 것은 남자 어린이와 여자 어린이가 학교에 다니는 것처럼 자연스러운 일이다. 그들은 종교나 언어가 서로 '다를' 뿐 어느 한 쪽이 '틀렸다'고 생각해본 적이 없다. 미카지 예라지 교사는 그 이유를 다음과 같이 설명한다.

"아이들은 자라면서 평화와 공존을 느끼며 살고 있어요. 그래서 아이들은 인종과 종교에 상관없이 모두가 공평하지요."

'평화의 학교'는 네베샬롬이 설립되고 약 6년 뒤부터 시작되었다. 졸업생이 벌써 수천 명에 이른다. 아이들은 자유롭게 놀고 자유롭게 자신의 의사를 말한다. 학교에서는 유대인과 아랍인을 대충 뭉뚱그려놓고 사이좋게 지내라고 가르치지 않는다. 각 민족의 종교와 역사도 있는 그대로 가르친다. 근현대에 벌어진 분쟁의 역사도 가감 없이 전달한다. 때로 그 문제를 놓고 아이들끼리 심한 언쟁을 벌인다. '서로 다름'을 배워가는 과정이다. 단짝 친구도 취미나 성격 등에 따라 정해진다. 남자 친구, 여자 친구 모두 마찬가지다.

유대인 학교나 아랍인 학교의 모습을 본 사람이라면 이 수업이 얼마나 대단한 것인가를 알게 된다. 유대인 학교에서는 철저하게 유대인을 위한 교육을 하고, 아랍인 학교에서는 철저하게 유대인에게 대적할 것인가를 교육하기 때문이다.

모든 수업은 히브리어와 아랍어로 함께 진행한다. 두 사람의 교사가 동시에 진행할 때도 있고, 번갈아 수업을 하기도 한다. 하지만 어떤 것도 피하거나 감추지 않는다. 그것이 오히려 아이들을 건강하게 키우는 길이라고 믿는다. 꼭 알아야 할 고유의 관습과 신앙은 집에서 부모가 맡는다.

평화의 학교에서는 인근 마을 아이들도 받아들인다. 덕분에 학생 수가 전체 마을 주민의 숫자와 거의 맞먹을 정도가 되었다. 다만, 안타까운 일은 중고등학교 과정을 마을에서 마칠 수 없다는 것이다. 이스라엘 정부가 중고등학교 과정을 허가해주지 않고 있기 때문이다. 그래서 종종 '평화의 학교'를 졸업한 아이들이 '다름'을 '틀림'으로 받아들여 애를 먹기도 한다.

성인이 된 아이들은 마을 내에서 '결합가정'을 꾸려 남기도 하고, 더러는 마을을 벗어나 독립을 하기도 한다. 이스라엘군에 입대를 하거나 팔레스타인 지역에서 분쟁의 첨병이 된 일도 있다. 그러나 그리 걱정할 일이 아니라고 생각한다. 어디서 살건, 어디서 무얼 하건 평화와 공존의 의미를 알고 있으니 적어도 서로에게 향해 총부리를 겨누지 않으리라는 것을 믿기 때문이다.

아이들의 음악 수업이 진행되고 있는 교실. 풍금 소리에 맞춰 부르는 아이들의 노랫소리가 곱고 여리다. 평화롭고 경계가 없다. 바로 공존의 모습이다. 노래에 담긴 아름다운 뜻이 한 줄기 바람에, 한 점의 햇살에 묻어 세상 밖으로 퍼져 나간다. 다툼과 분쟁이 있는 곳에, 이미 평화의 꽃이 져버렸다고 단정해버린 팍팍한 땅에, 그리고 당신의 땅에서 일어나는 피의 전쟁을 내려다보시며 가슴 아파하실 여호와 앞에서……

평화여 평화여 어서 오세요
평화여 평화여 모든 이들에게
이 땅에 평화 이 땅에 사람 함께 모여 노래 부르세
다툼 없는 이곳에 모두가 친구 되어

†제작팀이 들려주는
못다 한 이야기

제1장

†시내산에서 컵라면을?

시내산 정상에서도 컵라면을 먹을 수 있다. 컵라면을 판매하는 것이 아니라, 컵라면에 부을 뜨거운 물을 판매하기 때문이다. 그래서 가이드들은 컵라면을 미리 준비하도록 얘기해 주기도 한다. 해가 뜨기 전 컵라면을 후후 불어가며 먹은 뒤 일회용 커피믹스를 마시는 것도 꽤 짭짤한 즐거움이다.

†불타는 떨기나무의 오해와 진실

출애굽기 3장에 기록된 불타는 떨기나무와 모세의 만남은 이스라엘 민족의 운명을 결정짓는 커다란 전환점이 되었다. 이 때문에 시내산을 찾는 사람들은 덩달아 떨기나무에 대한 관심도 클 수밖에 없다. 성 캐더린수도원에 있는 가시떨기나무가 '모세의 떨기나무'로 알려져 있는데, 그 위치에 대한 이런저런 설로 말들이 많다. 게다가 떨기나무는 '고유명사'가 아니다. 국어사전에 따르면 떨기나무는 '키가 작고 원줄기와 가지의 구별이 분명하지 않으며 밑동에서 가지를 많이 치는 나무로 무궁화, 진달래, 앵두나무 따위'다. 즉 당시 사막지역에서 흔히 볼 수 있는 키 작은 나무를 뜻하는 것이다. 그러나 중요한 것은 떨기나무의 위치보다는 하나님이 모세에게 하신 말씀이 아닐까.

"이리로 가까이 오지 말라. 네가 서 있는 곳은 거룩한 땅이니 네 발에서 신을 벗어라"(출 3:1-12).

†피라미드 건설과 이스라엘 노예 동원에 대한 오해와 진실

이집트 성지순례를 하는 사람들이 빼놓지 않고 들르는 곳 중 하나가 기자에 있는 피라미드와 스핑크스다. 일부 가이드나 교인들 가운데는 이스라엘 백성들이 피라미드 건설에 노예로 동원되었다는 이야기를 하는 경우가 종종 있다. 그러나 그것은 역사적 시기 구분을 정확히 하지 못한 데서 오는 오해이다. 이집트 피라미드가 집중적으로 건설된 시기는 기원전 27세기부터 23세기 경이고, 야곱이 이집트로 이주한 때는 이로부터 400~500여 년이나 지난 기원전 19세기로 추측된다. 따라서 피라미드 건설에 이스라엘 백성이 노예로 동원되었다는 오해는 출애굽 직전 국고성 건축에 동원된 것과 혼동하기 때문으로 추측한다.

†신의 아들 파라오의 탄생

일반적으로 전제 군주는 세계 어느 지역에서나 절대왕권을 갖지만, 이집트의 파라오처럼 엄청난 권력을 휘두를 수 있는 경우는 많지 않았다. 더구나 한 세대나 왕조가 대대로 세습되는 경우는 전례가 거의 없었다. 그렇다면 이집트 파라오의 막강한 권력은 어디서 나온 것일까? 그것은 이집트의 농업체계와 밀접한 관련이 있다. 매년 범람하는 나일강을 잘 다스려야만 먹고 살 수 있었기 때문에 관개시설과 제방공사, 방재공사 등 대규모 인력을 언제든 동원할 수 있는 막강한 권력이 필요했던 것이다.

†홍해의 스킨스쿠버

홍해 지역은 수에즈운하 저 너머 지중해에 비해서도 절대 뒤지지 않는 레저 휴양지이다. 특히 전 세계의 스쿠버다이버들이 가장 가보고 싶어 하는 곳으로 꼽을 만큼 스킨스쿠버 즐기기에 더할 나위 없이 좋은 조건을 갖추고 있다. 대표적인 곳이 이집트의 후루가다와 다합, 이스라엘의 에일랏, 요르단의 아카바 등이다. 그중에서도 이집트는 세계에서 가장 값싸게 스쿠버다이빙 자격증을 딸 수 있는 곳으로 유명하다. 해변에서 다섯 걸음만 나가도 산호초와 열대어를 만날 수 있는 천혜의 환경을 갖추고 있으면서 비용은 우리나라의 절반에도 훨씬 못 미친다.

†까다로운 국경 넘어 아름다운 해양 휴양지 에일랏

이스라엘의 타바국경 검문소는 까다롭기로 유명하다. 그 중 한국인에게 많이 알려진 곳은 이집트-요르단과 국경을 맞대고 있는 홍해의 에일랏이다. 짜증이 날 정도로 길고 복잡한 검문 과정을 거쳐 에일랏에 가면 마치 유럽의 어느 휴양지에 온 듯한 착각을 일으킬 정도로 아름답다. 특히 바닷속으로 걸어 들어가 해양 생물들을 직접 관찰할 수 있는 산호월드 해양수족관은 세계적인 명소로 꼽힌다. 에일랏은 지혜의 왕 솔로몬과 에티오피아의 여왕 시바가 국정도 내팽개친 채 사랑의 도피를 감행했던 전설이 깃든 곳이기도 하다. 솔로몬이 이곳을 택한 이유는 아름다운 경치는 물론 홍해를 통해 아시아 쪽으로 뻗어나가려고 했던 정치적 야심 때문이다.

†베두인족의 엄격한 위계질서

언뜻 보아서는 얼굴조차 잘 구분되지 않은 베두인족은 매우 엄격한 위계질서가 있다. 이 서열은 어떤 동물을 기르느냐에 따라 달라진다. 가장 서열이 높은 베두인족은 낙타를 키우는 부족이다. 이들은 사하라 사막과 시리아·아라비아 사막의 광대한 지역을 차지하고 있으며 부족의 규모도 매우 크다. 다음 서열은 양이나 염소를 키우는 유목민으로 요르단과 시리아, 이라크의 농경지 주변에 주로 살고 있다. 맨 마지막 서열은 소를 키우는 부족들인데 주로 남아라비아와 수단 지역에 살고 있다.

†베두인족의 삶의 지혜

베두인족에게 전해 내려오는 인생 우화 하나. 어떤 사람이 노인이 키우던 칠면조를 훔쳐갔다. 노인은 아들들을 불러 칠면조를 찾으라고 했다. 하지만 아들들은 "그까짓 칠면조 한 마리!"하며 무시했다. 얼마 후 이번에는 낙타가 없어졌다. 그제야 아들들이 "어떻게 하면 좋으냐?"라고 묻자 노인은 "칠면조를 찾아라."고 했다. 며칠 뒤에는 말이 없어졌다. 이번에도 노인은 "칠면조를 찾아라."고 말했다. 그리고 또 며칠 뒤 노인의 딸이 겁탈을 당했다. 노인은 이렇게 말했다. "모든 것이 칠면조 때문이다. 놈들이 칠면조를 훔쳐가도 주인은 별 신경을 쓰지 않는다는 것을 알았기 때문이다."

제2장

†곱트교회의 성자, 마카리우스

마을에 품행이 좋지 못한 처녀가 남자와 사귀다가 아이를 임신하였다. 사귀던 남자가 마을 사람들에게 단죄될까 무서웠던 처녀는 마침 마을 인근에서 수도하던 마카리우스를 아이의 아버지라고 지목했다. 격분한 마을 사람들은 마카리우스를 잡아서 그의 목에 솥을 매단 채 온 마을을 끌고 다니면서 죽지 않을 만큼 때렸다. 처녀의 부모는 "내 딸을 책임지고 먹여 살리겠다고 약속해라. 그러기 전에는 놓아줄 수 없다."고 소리 질렀다. 마침내 풀려난 마카리우스는 자기가 가진 모든 것과 밤낮을 가리지 않고 일해서 번 돈을 모두 처녀에게 보내주었다.

그런 어느 날 드디어 처녀가 해산할 때가 되었다. 하지만 몇 날 며칠을 진통해도 아이가 나오지 않았다. 그제야 하늘의 벌을 받은 줄 안 처녀는 마을 사람들에게 사실을 얘기했다. 그리고서야 마침내 처녀는 아이를 무사히 낳을 수 있었다. 이외에도 마카리우스는 수도를 하면서 숱한 고난을 겪었지만 단 한 번도 화를 낸 적이 없기에 '화를 낼 줄 모르는 수도사'라는 별칭을 얻게 되었다.

†문신의 유래

곱트인의 십자가 문신은 사실 오랜 옛날부터 주술적, 종교적인 상징으로 많이 사용하였다. 사전에는 문신을 '피부나 피하조직에 상처를 내고 물감을 들여 글씨·그림·무늬 등을 새기는 일'이라고 정리해 놓았다. 문신이라는 말은 무엇인가를 치다Strike라는 의미의 폴리네시아어 '타Ta', 혹은 무언가에 표시를 하다Mark는 의미의 타히티어 '타타우Tatau'에서 유래하였다고 한다.

문신의 풍습은 이미 원시 시대부터 있었는데, 기원전 2000년경 이집트 미라와 세티 1세재위 BC 1317~BC 1301의 무덤에서 나온 인형에서도 문신을 발견할 수 있다. 문신은 원래 주술적이면서도 전투적인 의미를 담고 있었으며, 성인식이나 기타 부족의 주요 종교 행사와 연관된 경우도 적지 않다. 이집트에서 번성한 문신은 크레타섬을 통해 유럽으로, 페르시아를 통해 아시아와 아메리카 대륙으로 전파됐다는 게 일반적으로 알려진 설이다.

제3장

†요단강의 물 전쟁

 이스라엘은 주변 이슬람 국가들과 전쟁을 벌이면서 '하나님'을 전면에 내세우곤 한다. 요단강 서안의 정착촌 건설도 예외가 아니다. 그러나 이를 현실적인 문제로, '물'을 확보하기 위한 수단이라는 것이다.

 요단강은 요르단, 이스라엘, 시리아, 레바논, 팔레스타인에 걸쳐 흐른다. 요단강 유역의 단 3퍼센트만이 이스라엘 영토에 있지만 이스라엘 물 수요의 60퍼센트가 요단강에서 공급한다. 1967년 벌어진 제3차 중동 전쟁의 원인은 바로 '물'이었다. 시리아가 요단강 상류에 댐을 건설하려 하자 수자원 고갈을 우려한 이스라엘이 전쟁을 일으킨 것이다. 당시 이스라엘은 요단강 상류인 골란고원까지 점령했다. 골란고원에서 흘러내리는 물은 이스라엘 수자원의 30퍼센트를 차지하는 갈릴리호수를 채운다.

 최근에도 이스라엘은 요단강의 지류인 하사바니강의 물 사용 문제를 놓고 레바논과 심한 갈등을 빚은 적이 있다. 레바논이 하사바니강 일부를 레바논 국경 마을로 끌어들이는 공사를 시작한 것이 원인이다. 하사바니강은 갈릴리호수의 25퍼센트에 해당하는 물을 공급하는 주요 수원지 가운데 하나다. 이스라엘이 국제적인 비난에도 요단강 서안의 유대인 정착촌 확대에 집착하는 것도 이 지역 지하수 85퍼센트를 이스라엘로 끌어들여 사용하고 있기 때문이다. 지하수를 지키기 위해선 유대인 정착촌이 절대적으로 필요하다.

†에티오피아에도 예루살렘이 있다!

 예루살렘은 이스라엘에만 있는 것이 아니다. 아프리카 에티오피아 북부의 타나호수에서 동쪽으로 150킬로미터쯤 가면 '라리베라Lalibela'라는 곳이 나오는데, 현지 사람들은 이곳을 예루살렘이라고 부르며 거룩한 장소로 받들고 있다. 마치 예루살렘을 그대로 옮겨놓은 듯, 지금도 성당이 11개나 남아 있다.

 13세기 초 에티오피아의 라리베라왕이 건설했다고 알려졌으며, 거대한 바위를 통째로 깎아서 만들었을 뿐만 아니라 지상에서는 전혀 보이지 않도록 설계됐다는 점에서 놀라움을 금치 못한다. 에티오피아 기독교인들은 지금도 라리베라를 그들만의 예루살렘으로 여기고 크리스마스가 되면 이곳으로 모여든다.

†히스기야 터널은 왜 꼬불꼬불할까?

총 길이 535미터_{구약시대 단위 1천2백 규빗}의 지하터널 히스기야 터널에는 한 가지 큰 수수께끼가 있다. 그것은 터널이 직선이 아니고 S자 형의 곡선으로 만들어졌다는 것이다. 직선으로 터널을 파 나가도 중간에서 정확히 만나는 게 쉬운 일이 아닐 텐데, 적이 쳐들어올지도 모르는 급박한 상황에서 더 긴 거리를 S자 모양을 파들어 갔을까? 여기에 대한 해답은 대체로 두 가지로 정리된다.

첫째, 지하에 있는 왕의 무덤들을 피하기 위해서라는 설이다. 즉 직선으로 땅을 파다보면 왕의 무덤이 파괴될 수도 있었기 때문이다. 둘째, 이미 암석지대 사이사이에 나 있던 자연적인 균열을 따라 터널을 만들었기 때문이라는 설이다. 즉 비교적 공사가 쉬운 길을 택하다보니 꼬불꼬불 S자가 되었다는 얘기다.

그러나 어떤 이유로든 단 2미터의 표고_{標高} 차이로 꼬불꼬불 S자를 따라 물이 막힘없이 흐르도록 했다는 그 자체가 참으로 불가사의한 일이 아닐 수 없다.

†행진하지 말고 순례만 해주세요~

이스라엘이나 중동 쪽의 한인단체나 현지 선교사들의 간절한 부탁 중 하나는 순례는 좋지만 행진은 삼가달라는 것이다. 팔레스타인 사람들이 보는 한국은 종교와 상관없이 '친미국' 즉 '친이스라엘'이다. 따라서 우호적인 입장을 가진 팔레스타인 사람들은 많지 않다.

이런 상황에서 기독교인들의 대규모 행진은 한국인과 기독교에 대한 팔레스타인 사람들의 적개심을 자극하는 대표적인 행사로 꼽는다. 특히 지금도 로켓포와 총알이 넘나드는 난민촌 지역이나 분리 장벽 근처에서의 행진은 직접적인 공격의 빌미가 될 가능성도 크다. 이스라엘 당국과 현지 한인회, 선교 관련자, 팔레스타인 사람 모두의 당부다. 성지순례는 대환영이지만 불상사를 부를 수도 있는 '행진'은 삼가주세요!

제4장
†「최후의 만찬」의 숨겨진 비밀

　레오나르도 다빈치의 걸작품「최후의 만찬」에 숨겨진 일화 중 하나이다. 로마 교황으로부터「최후의 만찬」을 그려달라는 의뢰를 받은 레오나르도 다빈치는 수년 동안 그림의 모델을 찾기 위해 이탈리아 전역을 돌아다녔다. 마침내 1492년 그는 예수의 모델이 될 깨끗하고 선하게 생긴 19세 젊은이를 찾은 뒤 본격적인 그림 작업에 들어갔다. 6년 동안 예수와 11명의 제자를 모두 그린 그는 마지막으로 배반자인 가룟 유다의 모델을 찾아서 다시 이탈리아를 여기저기 떠돌아다녔다. 그때 마침 어느 감옥에서 가룟 유다에 딱 맞는 모델을 발견하고 모델이 되어 달라고 요청했다. 가룟 유다의 모델이 된 죄수는 그림을 다 그리고 나서 다빈치에게 말했다.

　"저 그림을 잘 보시오. 저 그림 속에 있는 예수님의 모델이 바로 6년 전의 나요."

　이 일화가 사실인지 아닌지는 밝혀지지 않았다. 하지만 이 이야기는 천사와 악마가 빛과 그림자처럼 동시에 존재한다는 진리를 나타내주는 사례로「최후의 만찬」을 설명할 때마다 으레 함께 등장하곤 한다.

제5장
†바울의 스승, 위대한 랍비 가말리엘

　바리새인이었던 바울이 '랍비'가 되기 위해 열심히 공부했던 사실은 성서에도 잘 나타나 있는 사실. 당시 그의 스승은 유대 사회에서 큰 존경을 받고 있던 가말리엘Gamaliel이었다. 유대교 역사상 가장 위대한 3인의 랍비 중 하나로 꼽히기도 한다. '하나님의 상급'이라는 뜻을 둔 가말리엘은 성서에도 여러 차례 등장한다. 특히 그는 '산헤드린 공회'가 '예수'를 전도한다는 이유로 제자들을 죽이려고 할 때 "만일 하나님께로부터 났으면 너희가 그들을 무너뜨릴 수 없겠고, 도리어 하나님에게 대적하는 자가 될까 하노라."며 사도들을 변증해 주었던 것으로 널리 알려져 있다.

†키프러스의 세르기오 바울 총독과 사도 바울의 만남

세계 사역 첫 번째 기착지인 키프러스Cyprus에는 세르기오 바울이 총독으로 있었다. 그는 로마의 고급 관리였을 뿐만 아니라 재산도 많았다. 하지만 그는 하나님의 말씀에 관심이 많았기 때문에 바울과 바르나바Barnabas를 불러 말씀을 듣고자 했다. 이때 나타난 방해자는 총독의 시종이자 마술사였던 바르예수. 그리스 이름으로는 엘리마라고 불리는 그는 거짓 예언자였다. 그는 부하들을 불러 바울과 바르나바에 대한 흑색선전을 퍼뜨리고, 총독과 바울이 만나지 못하도록 온갖 방해공작을 펼쳤다.

하지만 결국 이 모든 사실을 알게 된 사도 바울이 주님의 이름으로 유대인 미술사이자 거짓 예언자인 바르예수의 눈을 멀게 함으로써 그를 물리쳤고, 바울 총독은 이를 보고 하나님을 받아들이게 되었다. 사도 바울은 이렇게 바르나바의 고향 키프러스에서 자신과 같은 성을 가진 바울 총독을 통해 하나님의 말씀을 세계에 전하는 첫걸음을 떼게 된 것이다.

†목숨만큼 소중한 율법, 유대교의 할례

바울의 세계 선교 중 유대인과 가장 많이 부딪쳤던 문제 중 하나가 바로 할례였다. 국어사전에 '남성의 성기 일부, 특히 포피를 의례적으로 절제 또는 절개하는 습속'이라고 간단하게 정의되어 있는 이것이 유대인에게는 목숨만큼 소중한 율법 중 하나다. 유대인은 할례를 '하나님과 언약을 맺은 백성이라는 영원한 징표를 자기의 몸에 증거 하는 행위'로 받아들이고 있기 때문이다.

역사적으로 이스라엘과 하나님 사이의 계약관계는 세 가지 예를 통하여 나타났다. 첫째는 안식일(출31:16~17)을 통해, 둘째는 무지개(창9:12~15)를 통해, 마지막으로 할례(창17:10-11)를 통해서 계약관계를 증거 했다. 하나님과 이스라엘 사이에 계약이 시간 속에 나타난 것이 안식일이라면, 공간 속에 나타난 것은 무지개이다. 그리고 그 계약의 증거가 자신의 몸에 나타난 것이 바로 할례인 셈이다.

†쇠도 자르는 다마스쿠스 검

　십자군 전쟁 당시 유럽의 십자군들 사이에 '마법의 검'이라고까지 불렸던 다마스쿠스 검은 가볍고 탄력이 있으면서도 비단 손수건을 칼 위에 떨어뜨리면 저절로 베어질 만큼 예리하고 단단한 것으로 유명했다. 또한 칼의 표면에 새겨진 독특한 무늬는 아름다움까지 더해준다.

　수세기가 지난 지금까지 그 신비가 모두 풀리지는 않았지만, 대체로 검의 원료가 되는 다마스쿠스 강철 덕분이라고 알려졌다. 1996년에 노벨화학상을 받은 로버트 컬은 다마스쿠스 검이 나노 기술로 만들어졌다고 주장했다. 다마스쿠스 검의 원료가 되는 우츠Wootz 강철을 만드는 제련 과정에서 탄소 나노튜브가 들어감으로써 역사상 최강의 검이 탄생하게 된 것이다.

†자연에 대한 인간의 승리, 고린도 운하

　고린도 운하는 그리스 본토와 펠로폰네소스 반도를 사이에 두고 있는 이오니아해의 코린티아코스만과 에게해의 사로니코스만을 연결하는 폭 24미터, 길이 6,343미터 운하로 프랑스 자본의 민간회사에 의해 1882~1993년에 굴착되었다. 로마의 황제 네로가 6,000명의 유대인 포로를 동원하여 공사에 착수하였으나 완공하지 못했던 것으로 널리 알려졌다. 고린도 운하의 완공으로 펠로폰네소스 반도는 섬이 되었고, 아테네의 피레에프스와 이탈리아 브린디시 사이의 항로는 약 300~400킬로미터 단축되었다. 운하 양쪽 벽의 보호를 위해 일정 규모 이상의 배는 직접 동력 사용이 제한되고, 예인선이 끌고 이동한다.

제6장

†안식일은 토요일인데 왜 주일은 일요일일까?

　전통적으로 내려오던 토요일=안식일의 관행을 깨고 일요일이 주일로 된 것은 기독교를 공인한 콘스탄티누스 대제와 관련이 깊다. 그는 기독교를 공인하고서도 말년까지 태양신 숭배를 멈추지 않았던 것으로 알려졌다. 콘스탄티누스가 기독교를 공인하기 훨씬 전인 2세기 경에 로마교회가 로마 태양신교의 제일祭日인

일요일을 예배일로 받아들였고, 콘스탄티누스 대제는 일요일에 모든 일을 쉬게 하는 일요일 휴업령을 내렸다.

"모든 재판관과 시민 그리고 기술자들은 존엄한 태양의 날^{Sunday}에 쉬어야 한다."

문제는 이 존엄한 태양의 날이라는 표현이다. 이는 곧 로마의 기독교인뿐만 아니라 태양신을 숭배하는 미트라교도들을 함께 배려한 칙령이었던 것이다. 가톨릭은 물론 종교개혁 이후 개신교 등에서도 이런 점 때문에 주일=일요일을 수정하기 위한 논의를 여러 번 했지만, 이미 전 세계에 걸쳐 광범위하게 굳어진 관행을 바꾸는 데 따른 혼란이 너무나 커서 수정할 수가 없었다. 예수의 탄생일이 실제보다 3~4년 뒤인 것을 확인하고도 AD와 BC 기준을 바꾸지 못하는 것 역시 같은 이유다.

†열기구를 타고 둘러보는 카파도키아

카파도키아는 5~6억 년 전의 화산폭발로 인해 형성된 화산지형이 수억 년 동안 풍화작용과 침식작용을 거치면서 다양한 색상과 모양의 기암괴석을 이루어낸 곳이다. 카이세리, 네브셰히르, 니데 등 3개의 도시를 연결하는 카파도키아의 광대한 면적에 산재해 있는 바위들은 겉모양도 경이롭지만 그 내부 역시 경이와 감탄을 자아낸다. 이런 경관이 바로 『스타워즈』의 촬영 현장이 된 힘이다. 실제로 『스타워즈』가 촬영된 곳은 젤베^{Zelve} 계곡이다.

젤베 계곡은 9세기부터 13세기까지 기독교인들의 종교적 중심지였고, 카파도키아의 지역 중에서 가장 많은 사람이 거주했던 종합도시로 추측되는 곳이다. 붕괴의 위험으로 모두 이주하고 현재 거주자는 없다. 이 지역을 하늘에서 열기구를 타고 내려다볼 수 있는데 그 가격이 만만치가 않게 비싸다.

†그리스 신들의 고향, 올림푸스

해발 2,900미터가 넘는 올림푸스산은 그리스에서 가장 높은 산이다. 게다가 산기슭이 해수면에 있기 때문에 산꼭대기까지 실제 높이가 유럽에서 가장 높은 산에 속한다. 가장 높은 봉우리는 미티카스Mitikas 2,919미터이고 두 번째로 높은 봉우리는 스콜리오Skolio 2,912미터이다. 올림푸스에 사는 그리스의 신은 모두 12명이다.

1 제우스 : 그리스 신 중 최고의 신
2 데메테르 : 대지의 여신. 곡물과 농업기술 관장
3 헤라여신 : 제우스의 아내, 결혼과 가정의 수호신
4 아폴론 : 궁술과 의술, 예언, 태양의 신
5 포세이돈 : 헤파이스토스의 형제. 바다의 지배자
6 미네르바 : 전쟁과 각종 기예의 신
7 헤파이스토스 : 불과 대장장이의 신
8 아르테미스 여신 : 들짐승과 가축의 보호신. 달과 수렵의 여신
9 아레스 : 전쟁의 신
10 헤르메스 : 상업과 통신의 신
11 아프로디테 : 사랑과 풍요와 미의 여신
12 디오니소스 : 포도와 술의 신

제7장
†중동 지역의 인종 구성

 중동 지역의 인종 구성은 매우 복잡한 형태를 띠고 있다. 주요 인종은 셈족, 아리아족, 우랄알타이족이다. 셈족에는 아랍인, 시리아인, 유대인이 있고, 아리아족에는 이란인과 아프간족, 우랄알타이족은 투르크족 등이다.
 중동이란 말은 사실 지리적 범위가 명확하게 구분된 용어는 아니다. 다만, 지중해 연안의 북아프리카로부터 아라비아반도와 티그리스, 유프라테스강 유역의 메소포타미아 평원에 이르는 지역을 지칭한다. 현대 중동 지역으로 구분되는 나라는 23개국이며 인구는 약 3억 3천만 명으로 추정된다. 위의 세 인종 외에도 코카서스 종족과 같은 소수 인종이 흩어져 살고 있다.

†이스라엘 안식일의 유대인 생활 풍경

이스라엘의 안식일은 외부 사람들의 눈으로는 매우 받아들이기 어렵다. 그래서 그런지 그들 사이에서도 이에 얽힌 이야기가 많이 전해진다. 어떤 사람이 길을 가다가 담이 무너져 그를 덮쳤을 경우. 랍비가 보아서 돌이 그 사람을 죽일 것 같으면 즉시 돌을 치우는 것이 안식일 법에 접촉되지 않지만 돌이 사람을 해하지 않을 정도면 안식일이 끝날 때까지 기다려야 한다.

또, 안식일에는 자동차를 운전할 수 없다. 엔진이 움직이는 것은 곧 열을 이용하는 것이기 때문에 불을 켜서는 안 된다는 법에 어긋난다. 심지어 안식일에는 사진을 찍는 것도 안 된다고 한다. 카메라에서 불이 번쩍이기 때문이다. 아울러 대부분의 건물에는 엘리베이터가 자동으로 모든 층에 서도록 조정되어 있다. 버튼을 누르는 것이 금지되어 있기 때문이다. 일부 건물에는 관광객의 편의를 위해 안식일마다 '유대인용'과 '관광객용' 엘리베이터가 따로 운행하기도 한다.

†이슬람 지역 라마단 기간 중 여행시 주의사항

어느 지역을 여행하든 잠자는 것만큼 먹는 일에도 신경이 쓰이게 마련이다. 이슬람 지역을 여행할 때는 특히 라마단 기간에 주의해야 한다. 라마단 기간에는 새벽기도를 마치고 해가 뜨기 전에 서둘러 아침을 먹으면 그때부터 해가 지기 전까지는 아무것도 먹지 않는다. 심지어 물도 마시지 않는다. 금식을 마친 뒤 저녁이면 서로의 신앙심을 격려하면서 여럿이 함께 저녁을 나눠 먹는데, 멀리 떨어진 사람을 초청하기도 하고 이웃과 음식을 나누기도 한다. 이때가 이슬람 사람들을 더욱 깊이 사귈 기회이다.

하지만 문제는 특급호텔이나 외국인을 위한 별도의 시설이 아닌 이상, 관광객이나 순례자 역시 음식을 사먹을 곳이 거의 없다는 점이다. 라마단 기간에 이동하거나 순례 계획이 있다면 '몰래' 혼자서 먹을 음식을 별도로 준비해야만 한다.

†술탄이냐 칼리프냐

 이슬람 국가를 순례하다 보면 여기저기서 칼리프나 술탄이라는 이야기가 많이 나온다. 칼리프와 술탄은 같은 것일까, 다른 것일까. 결론적으로 말하자면 칼리프는 크고 종교적인 개념이고, 술탄은 작고 현실적인 개념이다. 이슬람교에는 기독교와 같은 성직자가 없어서 이슬람 공동체의 세속적, 종교적 분야 모두를 아우르는 지도자인 칼리프라는 개념이 등장하였다. 칼리프의 존칭 중 하나가 바로 '신도들의 우두머리'Amir al-Muminin인데, 칼리프의 성격을 잘 나타내준다. 하지만 칼리프가 너무나 큰 개념의 지도자여서 정치, 종교, 사회, 법률 등 모든 면을 일일이 다스리거나 간섭하기가 너무나 힘들다. 이때 등장한 것이 바로 술탄이다.

 칼리프가 임명하는 술탄은 아랍어로 왕이나 지배자를 뜻한다. 때로는 칼리프가 곧 술탄을 겸하기도 했기 때문에 개념상 이슬람의 왕권을 가진 자로 통용되지만 엄밀히 따지면 술탄은 칼리프에 의해 임명받는 존재였다. 한때 교황권과 황제권을 모두 가졌던 교황황제가 훗날 신정 분리가 되면서 교황이 황제를 임명-승인하였고, 또 그 이후에는 오히려 황제의 힘에 교황이 무릎을 꿇었던 것을 대비해보면 조금 이해가 쉽다.

†착한 사마리아인은 같은 민족인가 이민족인가

 사마리아는 세겜으로부터 북서쪽으로 10킬로미터 떨어진 곳에 위치한 해발 585미터의 산지이다. 사마리아라는 지명은 기원전 9세기에 오므리가 산지의 주인인 세멜에게서 땅을 사서 사마리아라고 부른 것에서 유래하였다. 앗수르왕 살만에셀은 이스라엘 왕국을 정복하였을 때, 이스라엘 백성을 다른 지방으로 옮기고 앗수르 민족을 사마리아 지역에 옮겼다. 그 후 이스라엘을 점령한 알렉산더도 자신의 국민을 사마리아에 이주시켰다. 말하자면 유대의 순혈 전통을 어기고 혼혈이 되어 버린 것이다.

 이때부터 유대인들은 사마리아를 이방인처럼 취급하기 시작했다. 이로써 유대인과 사마리아인은 사이가 멀어졌고, 유대인은 그 지역에 가지도 않고 그곳 주민과는 상종도 하지 않는다. 이 때문에 남쪽의 유대 지방 사람들이 북쪽의 갈릴리 지방을 갈 때는 중부 지방인 사마리아를 통과하지 않고 멀리 요단강으로 돌아다녔던 것이다.

그러나 예수님은 사람들의 그런 태도와 달리 사마리아 지역을 통과하시다가 수가 성에 있는 야곱의 우물가에서 사마리아 여인을 만나 생수의 원리를 가르쳐 주셨으며, 착한 사마리아인의 비유를 말씀하시기도 했다.

†예수를 믿는 유대인, 메시아닉 유대인과 유대 크리스천

이스라엘은 현재 비복음화율이 99.8퍼센트에 이를 정도로 복음화가 긴급한 나라다. 하지만 예수를 그리스도로 받아들이지 않는 유대교의 영향으로 선교 자체가 힘든 나라이기도 하다. 다행스럽게도 유대인 가운데 예수님을 메시아로 받아들이는 사람이 있다. 그들을 일컬어 메시아닉 유대인 혹은 메시아닉 쥬라고 한다.

메시아닉 쥬다이즘은 전 세계적으로 메시아를 믿는 사람을 하나님의 백성으로 인정한다. 이들은 유대교도이면서 예수님을 메시아로 받아들이는 경우다. 이와 달리 유대인이면서 유대교를 받아들이지 않고 아예 기독교 신앙을 가진 사람들은 유대 크리스천 혹은 유대인 크리스천이라고 부른다. 둘 다 예수님을 '메시아'로 받아들이는 것은 같지만 메시아닉 유대인들은 그 이외의 부분에서는 유대교 신앙과 율법을 지킨다는 면에서 큰 차이가 있다.

†모든 것을 결정하는 랍비의 힘

유대교에는 목사나 신부 같은 성직자가 없다. 유대교의 랍비는 성직자가 아니라 종교적 교사이자 인생의 스승이다. 하지만 일반 성직자보다 훨씬 광범위한 권한을 가지고 있다. 랍비는 '나의 선생님, 나의 주인님'이라는 뜻의 히브리어다. 유대교에서 랍비라 하면 히브리 성서와 《탈무드》에 대한 학문적 연구를 거쳐 유대인 사회와 회중의 영적 지도자나 종교적 교사가 될 자격을 얻은 사람을 말한다. 랍비라는 용어는 서기 100년 때까지 현인이나 율법가를 지칭하는 개념으로 사용되었지만 점차 그들이 속한 공동체의 일을 맡아보게 되었다.

14세기 이래, 랍비 교사들은 다른 업무에 구애받지 않도록 봉급을 받았다. 이때부터 지역의 율법학자들이 그 사회의 랍비에게 복종하는 전통이 시작되었다. 현재 이스라엘에는 2명의 수석 랍비가 진행하는 랍비 공의회가 있는데, 한 사람은 스페인 의례 세파르디 Sephardic 를, 다른 한 사람은 독일 의례 아슈케나지 Ashkenazi 를 대변한다. 하지만 유대인 전체를 대표하는 중앙 랍비단이나 최고의 대표 랍비는 없다.

† '절반'의 유대인을 확인할 수 있는 이스라엘 모계 정책

성경에서는 원래 부계父系를 따른다. 토라, 즉 모세5경을 생명처럼 받드는 유대인들 역시 원래는 부계사회를 이루었다. 하지만 지금 이스라엘은 이민 정책을 비롯하여 대체로 모계母系를 기준으로 따르고 있다. 그 가운데에는 '디아스포라'라는 슬픈 역사가 자리하고 있다.

수십만 수백만의 유대인들이 여기저기 떠돌면서 피가 섞이고, 여인들은 능멸을 당하곤 했다. 이 때문에 누구보다 피를 중시하는 유대 사회에 일대 혼란이 일었다. 순수한 유대 혈통을 찾아내기가 어렵게 되었던 것. 이때 고육지책으로 선택한 것이 '모계' 인정이다. 쉽게 말해 아버지가 유대인이라 하더라도 그 어머니가 유대인이 아닐 경우 그 아이가 유대인일 확률은 '아무도' 모른다. '유전자 검사를 할 수 없었던 오랜 옛날, 디아스포라의 혼란 중에 실제로 그 아이가 아버지의 피를 이어받았는지 아닌지를 확인할 길이 없었던 것. 반면에 어머니 쪽이 유대인이라면 그 피를 누구한테 받았건 최소한 50퍼센트는 유대인임이 확실하기 때문에 '모계'를 기준으로 유대인을 판별하는 기준으로 삼은 것이다.

† 아프리카계 흑인 유대인은 솔로몬과 시바의 자손?

최근 이스라엘에서는 팔라샤 혹은 팔라시무라라고 불리는 아프리카계 흑인 유대인의 이민 허용 여부를 놓고 논란이 적지 않다. 이들은, 자신들이 바로 솔로몬왕의 후손이라고 주장하고 있다. 사실 솔로몬왕은 '지혜의 왕'이었을 뿐만 아나라 '연애의 왕'이기도 했다. 수많은 이교도의 여인들과 사랑에 빠졌고, 그 여인들이 섬기는 신을 위해 신전을 지어주는 등 하나님의 뜻을 거스르기도 했다. 특히 그중에서도 영화의 소재로도 많이 등장했던 시바의 여왕과의 사랑은 역사에 남을 만큼 유명하다.

시바 왕국은 지금의 예맨 남부에 자리 잡고 있던 고대 왕국으로 한때 에티오피아와 소말리아까지 세력을 뻗쳐 나갔던 강대국 중 하나였다. 그런데 솔로몬과 시바 사이에서 태어난 '메네릭'이 바로 지금의 아프리카계 유대인의 선조라는 주장이 나오는 것이다. 메네릭은 기원전 1700년 경에 모세의 십계명 돌판이 새겨진 법궤를 가지고 어머니의 나라인 시바로 돌아간 것으로 알려졌다.

†세계로 퍼져가는 네베샬롬의 평화

이스라엘에는 네베샬롬의 평화학교 이외에도 아랍계 어린이와 유대인 어린이가 함께 한 교실에서 공부할 수 있도록 여러 가지 시도들이 끊임없이 진행하고 있다. 우선, 예루살렘 카타몬에 있는 야드 비야드Yad BeYad, Hand in Hand 학교는 유대와 아랍 아이들이 한 교실에 함께 유대인 교사와 아랍인 교사에게서 각각의 교육을 받는다. 학교는 아이들에게 서로에 대한 이해와 공감이 가장 중요하다는 것을 일깨워준다. 동서 예루살렘과 서안지구에서 350여 명이 넘은 아이들이 공부하기 위해 이 학교에 온다. 예루살렘 이외 또 다른 지역에 야드 비야드 학교가 두 개 더 있다. 하나는 이스라엘 북쪽의 미스가브Misgav에 있고, 또 하나는 서안지구 경계와 가까운 아랍인 마을 크파르 카라Kfar Kara에 있다.

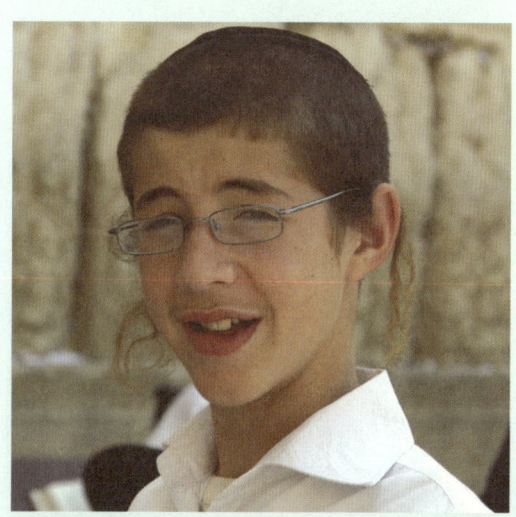

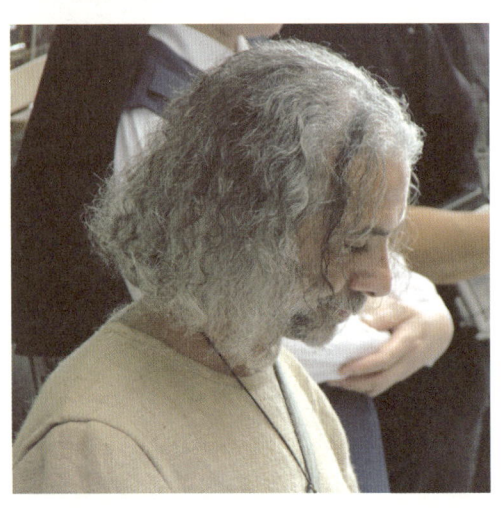

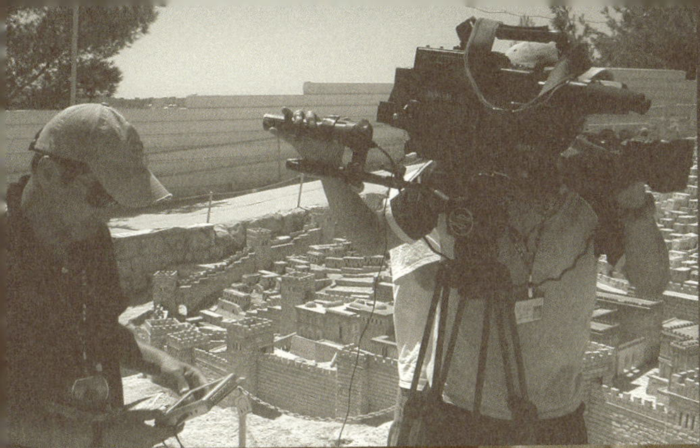

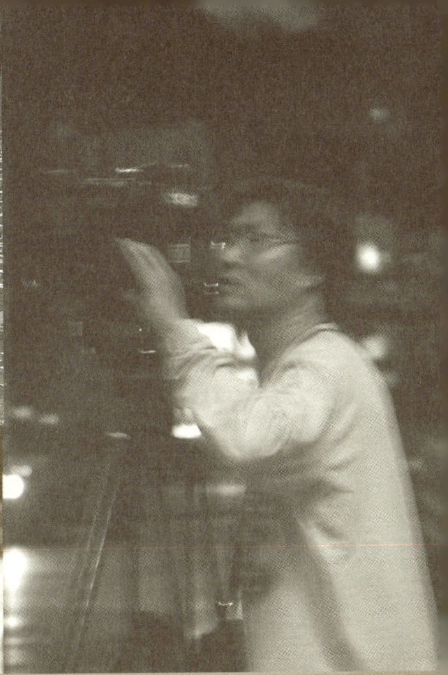

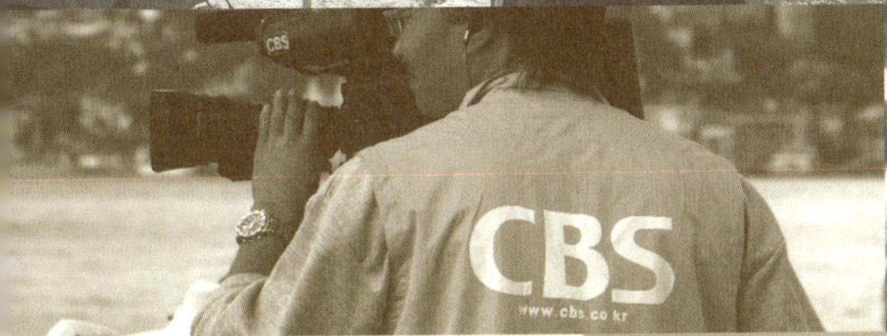
CBS
CBS
www.cbs.co.kr

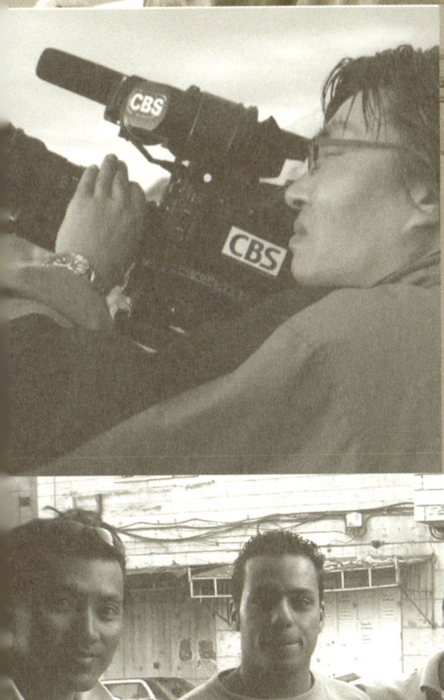
CBS
CBS

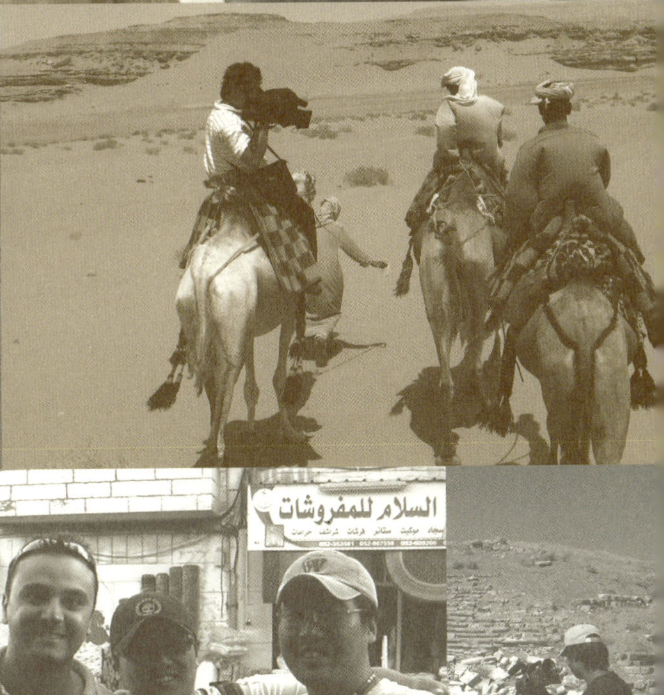

السلام للمفروشات
Frico

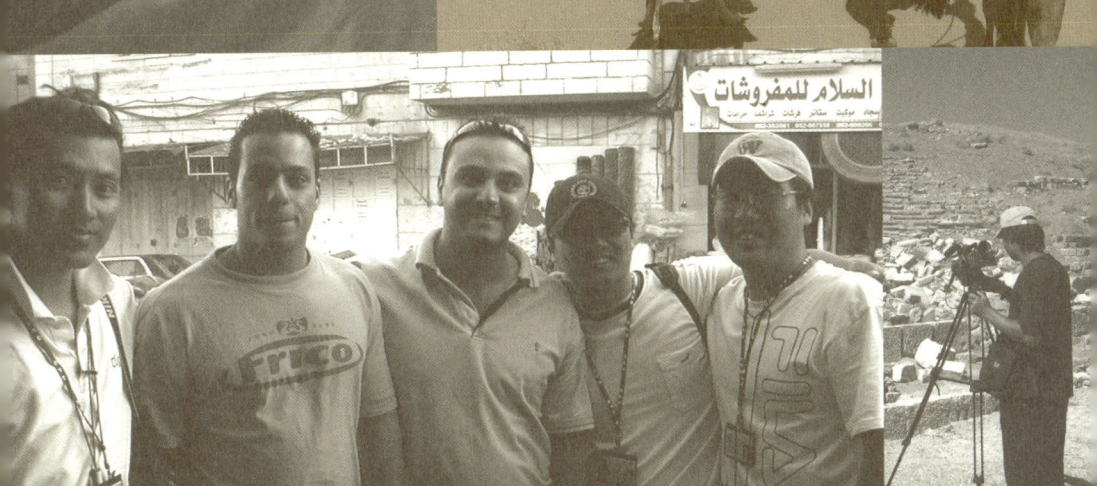

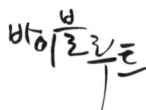

초판 1쇄 2010년 4월 13일
초판 8쇄 2012년 3월 2일
개정 1쇄 2013년 8월 1일

지은이	CBS 바이블루트 제작팀
감수	박용우, 권구현
펴낸이	박종태
펴낸곳	비전북
책임편집	박지원
아트디렉터	이여비
디자인	홍성훈
마케팅	강한덕, 임우섭
관리	맹정애, 강지선, 김병수, 김기범
출판등록	2011년 2월 22일 제396-2011-000038호
주소	경기도 고양시 일산서구 송산로499-10 (덕이동)
전화	031)907-3927
팩스	031)905-3927
이메일	visionbook@hanmail.net
공급처	(주)비전북
전화	031)907-3927

ISBN 979-11-950630-2-4(03230)

이 책은 예인미디어에서 'CBS미디어' 브랜드로 출간되었던 책으로
적법한 절차에 의하여 비전북에서 재출간 됨을 알려드립니다.
이 책은 저작권법에 따라 보호받는 저작물이므로 무단전재와 무단복제를 금지하며
이 책 내용의 전부 또는 일부를 이용하려면 반드시 저작권자인 예인미디어의 서면동의를 받아야 합니다.
잘못된 책은 바꾸어 드립니다.
Copyright ⓒ 2010, Yeinmedia

이 도서의 국립중앙도서관 출판시도서목록(CIP)은
서지정보유통지원시스템 홈페이지(http://seoji.nl.go.kr)와 국가자료공동목록시스템
(http://WWW.nl.go.kr/kolisnet)에서 이용하실 수 있습니다. (CIP제어번호:CIP2013011619)